항공예약

TOPAS Sell Connect

원종혜 저

Reservation System for Airline Passengers

(주)백산출판사

머리말

인류는 오래전부터 하늘을 날고 싶어 했다. 저 하늘 어디엔가 있을 신(神)과 조금이라도 더 가까워지고 싶었기 때문일까, 아니면 무엇인가로부터 벗어나고 싶었기 때문일까. 그래서 새는 신과 인간을 이어주는 존재로 고대 역사 속에 등장하고, 자유로움의 상징으로 문학작품 속에 등장한다. 그리고 인류가 가진 설화 중에는 동서양을 막론하고 하늘을 나는 인간에 대한 이야기를 볼 수 있다.

지금으로부터 100여 년 전 인류는 마침내 몇 천 년에 걸친 오랜 꿈을 이루었다. 스스로의 힘으로 땅을 박차고 날아올랐다가 사뿐히 다시 내려올 수 있었다. 수많은 인류 선조들의 시도와 실패가 마침내 결실을 거두었고, 인류는 비행을 시작할 수 있게 된 것이다. 이후 100여 년간 인류는 좀 더 빨리, 좀 더 많이 항공기를 이용하여 이동하는 기술을 발전시켰고, 이는 세계를 하나로 묶는 세계화, 지구촌화에 결정적인 기여를 하였다. 이제 항공산업은 지구상에서 여객과 화물을 이동시키는 가장 대중적인 교통수단이 되었으며, 앞으로 10여 년간 항공수요는 4배 이상 증가할 것이라고 예측되고 있다.

현재 우리나라도 해외여행 자유화 이후 항공수요가 폭발적으로 증가하고 있다. 2005년부터는 다수의 항공사가 설립되어 항공서비스를 제공하는 본격적인 경쟁체제로 돌입하였다. 이에 따라 항공산업에서 종사할 종사자의 수요도 증가하고 있으며, 실제로 조종사의 공급은 매우 부족한 현실이라고 한다. 100여 년 전에 21세기의 항공산업의 변모를 예측할 수 없었듯이 앞으로 100여 년 후의 항공산업은 현재보다 얼마나 더 발전해 있을지 예측하기 어려우며, 항공산업 종사자들은 역동적인 변화 속에서 일하고 있는 것이다.

본서는 항공 예약 업무를 공부하는 학생들을 위하여 작성되었다. 항공 예약 업무는 항공사의 가장 중요한 좌석을 판매하는 과정으로 항공사의 경영을 이해하기 위해서는 항공 예약 업무에 관한 이해가 필수적이라고 할 수 있다. 그러나 항공 예약 업무는 전문적인 용어와 각종 코드가 등장하여 이를 처음 접하는 학생들에게는 매우 어렵게 느껴질 수 있다. 따라서 본서는 가능한 한 항공 예약 업무를 처음 대하는 학생들이 빨리 이해할 수 있도록 쉽게 서술하고자 노력하였다.

본서의 출판과정에 도움을 주신 (주)백산출판사의 진욱상 사장님과 본서를 집필하도록 지원해 주신 장안대학교 항공관광과의 유정화 교수님과 모든 교수님들께 감사를 드린다.

2020년 3월
저자

차 례

차 례

학습 4

항공 예약기록 관리하기 • 155

보충 학습

학습

1

항공 조회하기

항공예약

TOPAS Sell Connect

[학습 1] 항공 조회하기

[학습 2] 항공 예약하기	[학습 3] 항공 예약 변경하기	[학습 4] 항공 예약기록 관리하기

1-1 항공지리 파악

학습목표	IATA 규정에 따른 항공지역구분을 파악하고 세계지도에 취항지를 표시할 수 있다.

필요지식 /

1 IATA 지역구분

IATA는 전 세계를 3개의 큰 지역(Area)으로 구분하고 이 큰 지역을 다시 작은 지역(Sub Area)으로 세분하여 지역별로 운송회의(Traffic Conference)를 열고 항공운임을 관리하고 있다.

대륙	AREA	SUB AREA
서반구 (Western Hemisphere)	AREA 1	North America(북미)
		Central America(중미)
		South America(남미)
		Caribbean Island(카리브해)
동반구 (Eastern Hemisphere)	AREA 2	Europe(유럽)
		Middle East(중동)
		Africa (아프리카)
	AREA 3	Korea/Japan(한국/일본)
		South East Asia(동남아시아)
		South Asia Sub Continent(남아시아)
		South West Pacific(남서태평양)

ASIA
EUROPE
AFRICA
AUSTRALIA
NORTH AMERICA
SOUTH AMERICA

표시된 국가는 일반지리와 지역구분이 다르므로 특별히 기억해 두어야 할 국가이다.

1. 북미(North America)

Canada(CA) **Mexico(MX)** St.Pierre and Miquelon(PM)

U.S.A.(Puerto Rico and the US Virgin Islands 포함)

2. 중미(Central America)

Belize(BZ) Costa Rica(CR) El Salvador(SV) Guatemala(GT)

Honduras(HN) Nicaragua(NI)

3. 남미(South America)

Argentina(AR) Bolivia(BO) Brazil(BR) Chile(CL)

Colombia(CO) Ecuador(EC) French Guiana(GF)

Guyana(GY) Panama(PA) Paraguay(PY) Peru(PE)

Suriname(SR) Uruguay(UY) Venezuela(VE)

4. 카리브해 지역(Caribbean Islands)

Bahamas(BS) Bermuda(BM) *Caribbean islands Guyana(GY)

※ Caribbean islands

Anguill, Antigua and Barbuda(AG), Aruba(AW), Barbados(BB), Bonaire(BQ), Cayman Islands(KY), Cuba(CU), Curacao(CW), Dominica(DM), Dominican Republic(DO), Grenada(GD), Guadeloupe(GP), Haiti(HT), Jamaica(JM), Martinique(MQ), Montserrat(MS), St.Kitts and Nevis(KN), St.Lucia(LC), St.Vincent and the Grenadines(VC), Trinidad and Tobago(TT), Turks and Caicos(TC), Virgin Islands - British(VG)

5. 유럽(Europe)

Albania(AL)	**Algeria(DZ)**	Andorra(AD)	Armenia(AM)
Austria(AT)	Azerbaijan(AZ)	Belarus(BY)	Belgium(BE)
Bosnia & Herzegovina(BA)		Bulgaria(BG)	Croatia(HR)
Cyprus(CY)	Czech Republic(CZ)	Denmark(DK)	
Estonia(EE)	Faroe Islands(FO)	Finland(FI)	France(FR)
Georgia(GE)	Germany(DE)	Gibraltar(GI)	Greece(GR)
Hungary(HU)	Iceland(IS)	Ireland Republic(IE)	Italy(IT)
Latvia(LV)	Liechtenstein(LI)	Lithuania(LT)	Luxembourg(LU)
Macedonia Fyrom(MK)	Malta(MT)	Moldova Rep of(MD)	Monaco(MC)
Montenegro(ME)	**Morocco(MA)**	Netherlands(NL)	Norway(NO)
Poland(PL)	Portugal(PT)	Romania(RO)	Russia in Europe(RU)
San Marino(SM)	Servia(RS)	Slovakia(SK)	Slovenia(SI)
Spain(ES)	Sweden(SE)	Switzerland(CH)	**Tunisia(TN)**
Turkey(TK)	Ukraine(UA)	United Kingdom(GB)	

6. 중동(Middle East)

Bahrain(BH)	**Egypt(EG)**	Iran(IR)	Iraq(IQ)
Israel(IL)	Jordan(JO)	Kuwait(KW)	Lebanon(LB)
Palestinian Territory(PS)	Oman(OM)	Qatar(OA)	Saudi Arabia(SA)
South Sudan(SS)	**Sudan(SD)**	Syrian Arab Republic(SY)	

United Arab Emirates(Abu Dhabi, Ajman, Dubai, Fujairah, Ras Al Khaimah, Sharjah, Umm Al, Qaiwain)   Yemen(YE)

7. 아프리카(Africa)

Malawi(MW)	Zambia(ZM)	Zimbabwe(ZW)	Burundi(BI)

Dhibouti(DJ)　Eritrea(ER)　Ethiopia(ET)　Kenya(KE)
Rwanda(RW)　Somalia(SO)　Tanzania(TZ)　Uganda(UG)
Comoros(KM)　Madagascar(MU)　Mauritius(MU)　Mayotte(YT)
Reunion(RE)　Seychelles(SC)　Libyan Arab　Jamahiriya(LY)
Botswana(BW)　Lesotho(LS)　Mozambique(MZ)　Namibia(NA)
South Africa(ZA)　Swaziland(SZ)　Angola(AD)　Benin(BJ)
BurkinaFaso(BF)　Cameroon(CM)　Cape Verde(CV)　Central African
Republic(CF)　Chad(TD)　Congo(Brazzaville)(CG)
Congo(Kinshasa)(CD)　Cote D Ivoire(CI)　Togo(TG)
Equatorial Guinea(GQ)　Gabon(GA)　Gambia(GM)　Ghana(GH)
Guinea(GN)　Guinea　Bissau(GW)　Libera(LR)
Mali(ML)　Mauritania(MR)　Niger(NE)　Nigeria(NG)
Sao Tome And　Principe(ST)　Senegal(SN)　Sierra Leone(SL)

8. 한국/일본(Korea/Japan)

Korea(KR)　Japan(JP)

9. 동남아시아(South East Asia: SEA)

Brunei Darussalam(BN)　Cambodia(KH)　China(CN)
Chinese Taipei(TW)　Christmas island(CX)
Guam(GU)　**Hong Kong SAR(HK)**　Indonesia(ID)
Kazakhstan(KZ)　Kyrgyzstan(KG)　Laos(LA)
Macao SAR(MO)　Malaysia(MY)　Marshall islands(MH)
Micornesia(FM)　Mongolia(MN)　Myanmar(BN)
Northern Marianas(MP)　Palau(PW)　Philippines(PH)　Russia in Asia(XU)
Singapore(SG)　Tajikistan(TJ)　Thailand(TH)　Turkmenistan(TM)

Uzbekistan(UZ) Vietnam(VN)

※ SAR : Special Administrative Region of China(중국 특별행정구역)

10. 남아시아 지역(South Asian Subcontinental: SAS)

Afghanistan(AF) Bangladesh(BD) Bhutan(BT) India(Including Andaman Islands)(IN) Maldives(MV) Nepal(NP) Pakistan(PK) Sri Lanka(LK)

11. 남서태평양 지역(South West Pacific: SWP)

American Samoa(AS) Australia(AU) Nauru(NR) New Caledonia(NC)
Cook Islands(CK) Fiji French Kiribati(KI)
Papua New Guinea Wallis & Futuna Islands(WF) Polynesia(PF)
New Caledonia(NC) New Zealand(NZ) Niue(NU) Norfolk Island(PG)
Samoa(WS) Solomon Islands(SB) Tonga(TO) Tuvalu(TV)
Vanuatu(VU)

■ 항공용어

- IATA : International Air Transportation Association(국제항공운송협회)
  1945년 결성된 전 세계 항공사들의 연합으로 회원은 세계 각국의 항공사이며 항공 관련 각종 규정과 운임을 결정한다. IATA 운송회의에서 결정되는 사항들은 항공사와 항공권을 판매하는 대리점(여행사)들이 준수해야 하며 각국 정부는 이를 인정하고 있다. 우리나라는 1989년에 대한항공이, 2002년에 아시아나항공이 정회원이 되었다. IATA는 ICH(운임정산소), BSP(국제여객항공권 판매대금 정산제도), CASS(국제화물운임 정산제도), AAS(공인대리점 인가업무) 등을 하고 있다.
- ICAO : International Civil Aviation Organization(국제민간항공기구)
  1947년 결성된 UN 산하의 국제기구로 회원은 세계 각 국가이며 국제민간항공의 발전과 안전, 분쟁 해결을 주로 한다. 본부는 캐나다 몬트리올에 있다. 우리나라는 1952년에 가입하였으며, 2001년 상임이사국이 되었다.
- SITA : Societe International de Telecommunications Aeronautiques(국제항공통신 공동체)
  1942년 벨기에 국내법에 근거하여 유럽 항공 회사 11개사에 의해 설립된 비영리 조직으로 세계 각국 항공사 간에 항공기 운항, 좌석 예약 등 항공 업무의 운영에 필요한 통신을 목적으로 하여, IATA에 가입된 항공사만 가입할 수 있다. SITA 통신망은 세계 주요 도시 10곳(아시아는 도쿄, 홍콩)에 배치된 하이 레벨 센터(High Level Center)를 중심으로 세계 173개국 1,196개 도시를 연결하는 방대한 통신망으로, 단말기는 약 12만 대에 달한다.

1-2 코드조회

학습목표	CRS에 접속하여 도시, 공항, 항공사, 국가, 주, 기종 코드를 조회할 수 있다.

필요지식 /

1 CRS 이해

항공사의 예약업무는 CRS(Computerized Reservation System)를 통해 이루어진다. 세계 최초의 CRS는 미국의 아메리칸 항공에서 처음으로 사용하였다. 제2차 세계대전 이후 미국의 항공산업은 급속히 발전하였으며, 유럽과 미주의 항공노선과 항공수요는 폭발적으로 증가하였다. 이때 항공사들의 공통된 고민은 늘어난 항공노선과 항공수요에 맞추어 제 시간에 예약과 발권업무를 처리하기 어렵다는 것이었다.

정해진 스케줄에 따라 운항하는 정기항공노선의 예약과 발권업무를 원활히 처리하기 위해서 항공사들은 예약 발권 직원의 숫자를 증가시켜야만 했고, 이것은 항공사의 가장 큰 경영 압박요인이 되었다. 당시 항공사들은 예약 발권업무를 전화와 수작업에 의존하여 처리하고 있었다. 그러던 중 IBM과 아메리칸 항공(American Airlines) 사장의 우연한 만남으로 1958년 두 회사는 항공예약시스템 개발에 협의하였고, 1964년 세계 최초의 항공예약시스템인 SABRE(Semi - Automated Business Research Environments)가 탄생하게 되었다. 아메리칸 항공사는 SABRE(세이버) 시스템을 이용한 항공사의 예약업무 자동화에 성공을 거두었으며, 이로 인해 항공산업에서 시장지배력을 증가시킬 수 있었다. 이후 IBM은 PARS라는 시스템을 개발하여 미국 내 주요 항공사들에게 판매하였고 1970년대부터 대부분의 미국 주요 항공사들은 CRS를 이용하게 되었다.

미국의 대형항공사들의 CRS는 점차 기능을 확대하여 정보처리망을 늘리면서 대규모화된 미국의 국내시장에만 머무르지 않고 타 지역으로 진출하게 되었다. 그러자 미국의 침투를 방어하기 위하여 항공사들은 다자간 협력을 통하여 지역연합 CRS를 구성하게 되는데 이를 GDS(Global Distribution System)라 한다.

현재 유럽지역에서는 Air France, Lufthansa, Iberia 등을 중심으로 한 아마데우스(AMADEUS)와 British Airways, Swiss Air, Alitalia 등을 중심으로 한 갈릴레오(Galileo)가 구성되었고, 동남아지역에서는 Singapore Airlines, Cathay Pacific, Malaysia Airlines 등을 중심으로 한 아바쿠스(ABACUS)가 연합CRS를 구축하기에 이르렀다. 미주지역에서는 SABRE, WORLDSPAN 등의 GDS가 이용되고 있다. 세계 CRS와 GDS의 발전과정을 정리하면 다음과 같다.

CRS와 GDS의 발전과정

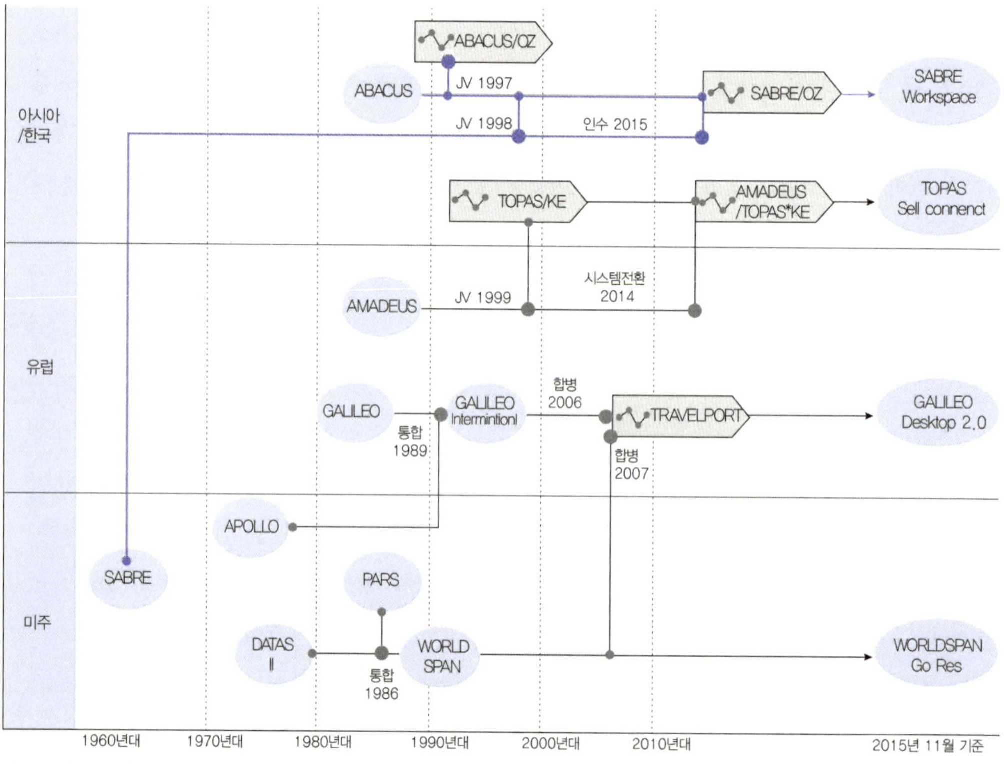

자료: 항공예약의 기초, 아시아나 세이버

2 교육용 CRS 접속하기

1. Topas Sellconnect 로그인

대한항공을 비롯한 모든 항공사의 CRS는 인터넷 환경을 통하여 접속할 수 있다. 대한항공의 교육용 CRS에 접속하기 위한 인터넷 주소는 다음과 같다.

http://www.cloudedu.co.kr

주어진 **아이디**와 **비밀번호**를 입력하고 로그인한다.

로그인 하기 전 아래와 같이 프로그램을 설치하라는 메시지가 나오면 먼저 **설치**를 눌러서 필요한 프로그램을 설치한 후 로그인 한다.

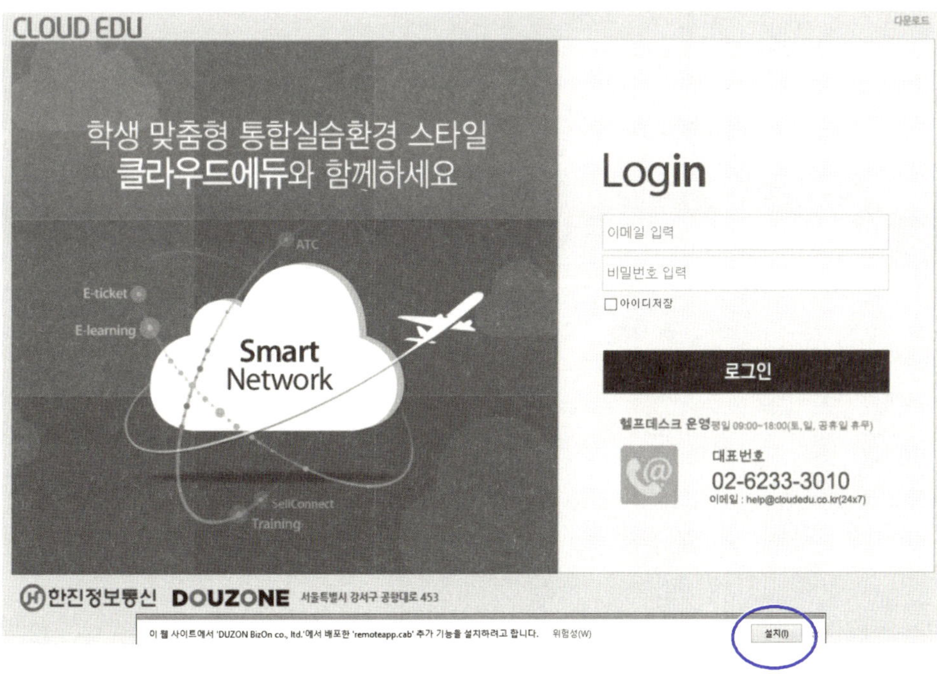

설치를 누른 후 아래와 같은 창이 나오면 **허용**을 눌러 준다.

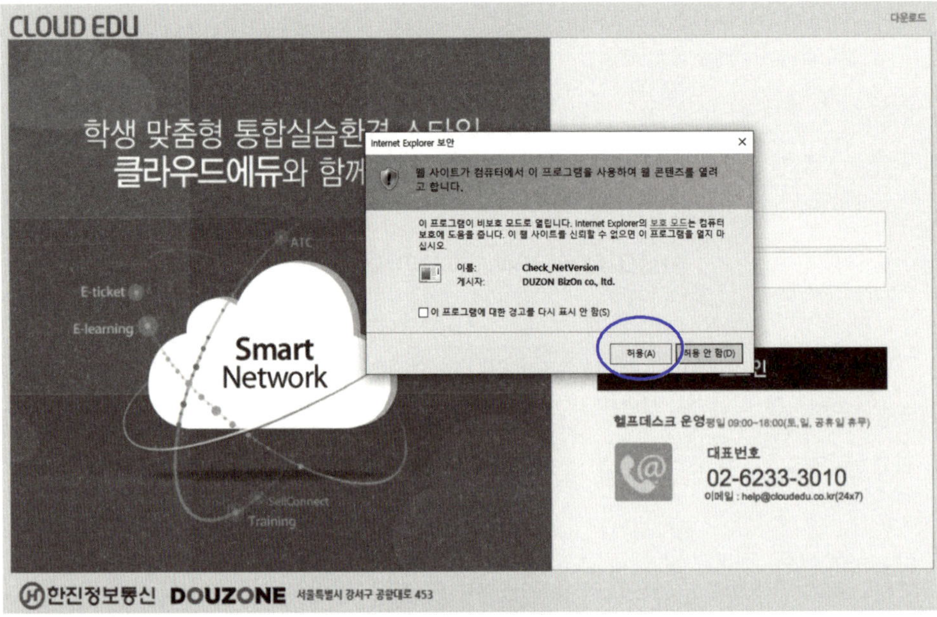

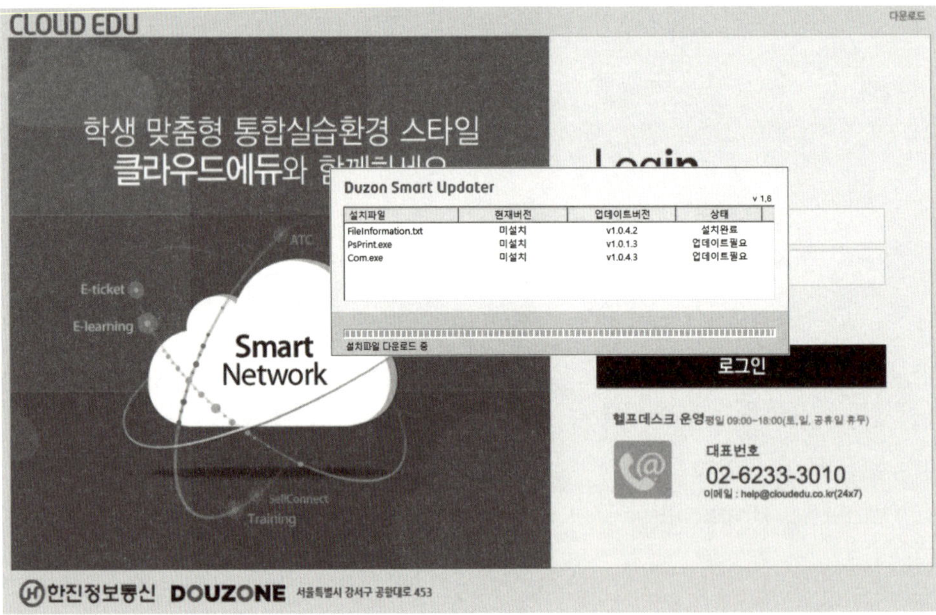

모든 프로그램이 설치되면 로그인 할 수 있다.

로그인 후 **토파스** 아이콘을 클릭하면 다음과 같은 화면들이 나오는데, 자동으로 화면이 준비될 때까지 기다린다.

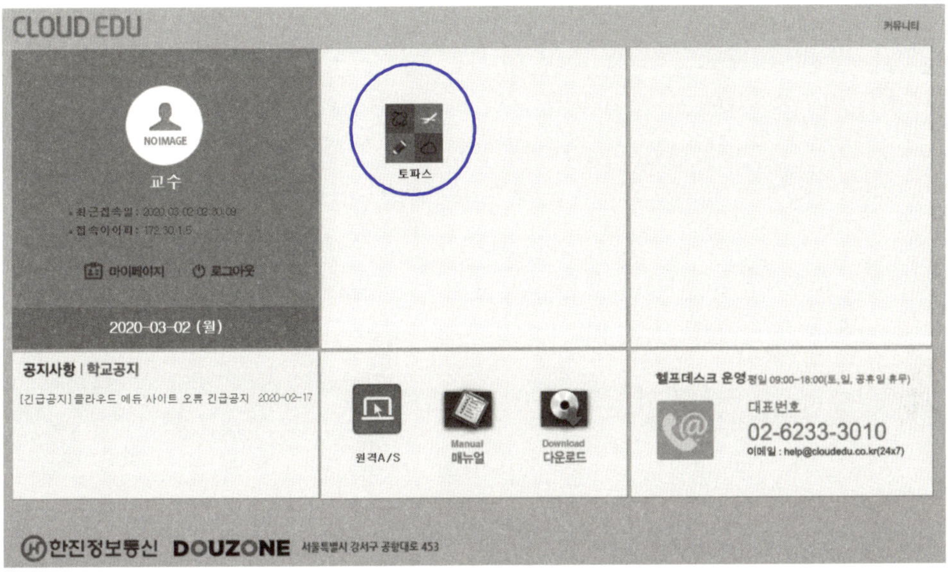

다음과 같은 화면이 나오면 명령어(ENTRY)를 입력하여 항공예약시스템(CRS)을 사용할 수 있다. 시스템의 쿠키정책을 **승인**해 준다.

2. CRS 화면 다루기

(1) 화면 이동

명령어를 입력하면 CRS는 명령어에 대한 응답화면을 보여 준다. 응답화면은 업무의 편의상 모니터 화면의 크기만큼만 보이므로 다음 내용을 더 보기 원할 때는 명령어를 입력하여 다음 페이지로 이동해야 한다.

명령어	용어	의미
MD	Move Down	다음 페이지로
MU	Move Up	이전 페이지로
MT	Move Top	첫 번째 페이지로
MB	Move Bottom	마지막 페이지로

```
 8   CX 417  J9 C9 D9 I9 W9 R9 E9 /ICN    HKG 1  1020    1315  E0/333       3:55
             Y9 B9 H9 K9 M9 L9 V9 S9 N9 Q9 O9
 9   TG 629  C9 D9 J9 Z9 Y9 B9 M9 /ICN    HKG 1  1050    1350  E0/330       4:00
             H9 Q9 T9 K9 S9 V9 W9
10   KE 613  R8 A2 J9 C9 D9 I9 Z8 /ICN    HKG 1  1100    1405  E0/772       4:05
             Y9 B9 M9 S9 H9 E9 K9 L9 U9 Q9 N9 T9 GR
> MD
AN22MARSELHKG -MD-
** AMADEUS AVAILABILITY - AN ** HKG HONG KONG.HK              228 WE 22MAR 0000
 1   UO 619  Y4 B4 H4 K4 L4 M4 N4  ICN    HKG 2  1230    1520  E0.320       3:50
             S4 X4 Q4 T4 V4
 2KE:EY8503  F0 A0 R0 J4 C4 D4 W4 /ICN    HKG 1  1345    1650  E0/772  TR   4:05
             Z4 Y4 B4 H4 K4 M4 Q4 L4 V0 U0 E0 T0
 3   KE 601  R8 A2 J9 C9 D9 I9 Z4 /ICN    HKG 1  1345    1650  E0/772       4:05
             Y9 B9 M9 S9 H9 E9 K9 L9 U9 Q9 N9 T9 GR
```

(2) 작업 정리와 재시작

현재 작업하고 있는 내용을 정리하여 보고 싶거나 모두 없애고 새로 시작하고자 할 때는 다음의 명령어를 사용한다.

명령어	용어	의미
RT	Retrieve	작업 정리 후 디스플레이
IG	Ignore	작업 취소 새로 시작
IR	Ignore and Retrieve	취소 후 디스플레이

Entry 화면 1

```
RP/SELK1394Z/
  1  AF 267 Y 22MAR 3 ICNCDG DK1  1010 1415  22MAR  E  0 772 MS
     APIS DEST PAX DATA REQUIRED SSR DOCS
     SEE RTSVC
*TRN*

>  IG

IGNORED
*TRN*
```

3 DECOD와 ENCODE

코드(code)는 한정된 화면 안에 되도록 많은 정보를 표시하고 빠른 시간 안에 데이터를 처리하기 위해서 항공사, 도시, 공항, 국가, 기종 등의 이름을 2~3글자의 약자로 줄여서 사용하는 것을 말한다. 항공사에서는 다양한 업무에서 코드를 사용하므로 업무용어와 코드를 빨리 습득하는 것이 좋다. 항공예약시스템(CRS)에서 사용하는 코드는 IATA(국제항공운송협회)에서 지정한다.

	ENCODE (이름 ⇨ 코드)	DECODE (코드 ⇨ 이름)
도시(city)	DAN 이름	DAC 코드
공항(airport)	DAN 이름	DAC 코드
국가(nation)	DC 이름	DC 코드
항공사(airline)	DNA 이름	DNA 코드
주(states)	DNS 이름	DNS 코드
기종(equipment)	DNE 이름	DNE 코드

1. CITY(도시)

Entry 화면 1

```
> DAN SEOUL

DAN SEOUL
A:APT B:BUS C:CITY P:PRT H:HELI O:OFF-PT R:RAIL S:ASSOC TOWN
SEL C  SEOUL                                               /KR
LATITUDE: 37°34'06"N           LONGITUDE: 126°58'40"E
TIME DIFF: +9H                 LOCAL TIME IS 0330 ON MON02MAR20
   A  SSN - AIR BASE                 - 17K                 /KR
   A  GMP - GIMPO INTERNATIONAL      - 16K                 /KR
   A  ICN - INCHEON INTERNATIONAL    - 48K                 /KR
*TRN*

> DAC TYO

DAC TYO
A:APT B:BUS C:CITY P:PRT H:HELI O:OFF-PT R:RAIL S:ASSOC TOWN
CITY :
  TYO C  TOKYO                  /JP:JAPAN
  LATITUDE: 35°41'22"N          LONGITUDE: 139°41'30"E
  TIME DIFF: GMT +9H            LOCAL TIME IS 0331 ON MON02MAR20
AIRPORT-HELIPORT :
  NRT A  NARITA INTL            /JP      - 62K
  HND A  TOKYO INTL HANEDA      /JP      - 17K
  OKO A  YOKOTA AB              /JP      - 32K
RAIL-PORT-BUS STATION :
  LMJ B  BUS STATION            /JP      -  6K
*TRN*
```

A:공항 B:버스 C:도시 P:항구 H:헬리포트 R:기차역

영국과의 시차

현재날짜시간

서울의 공항들

전 세계 시간의 기준은 영국이다

현재날짜시간

도쿄의 공항들

문제	코드/이름
HONGKONG	
BEIJING	
BKK	
SIN	
FRANKFURT	
ROME(이탈리아)	
PAR	
LON	
NEW YORK	
LOS ANGELES(미국)	
SYD	
DXB	
JAKARTA	
CAIRO(이집트)	
YVO	
BCN	

CITY CODE 유형

1. ROM TYPE - - - 도시명의 첫 3자리

CHI	: CHICAGO. US	LON	: LONDON. GB
FAI	: FAIRBANKS. US	MAD	: MADRID. ES
HAM	: HAMBURG. DE	PAR	: PARIS. FR
IST	: ISTANBUL. TR	RIO	: RIO DE JANEIRO. BR
LAS	: LASVEGAS. US	VIE	: VIENNA. AT

2. BKK TYPE - - - 도시명의 첫 자 + 선택 2자

DTT	: DETROIT. US	GVA	: GENEVA. CH
GUM	: GUAM. GU	HNL	: HONOLULU. US
MOW	: MOSCOW. RU	OKA	: OKINAWA. JP
HRB	: HARBIN. CN	THR	: TEHRAN. IR

3. YUL TYPE - - - 캐나다 도시 첫 자는 Y

YVR	: VANCOUVER	YTO	: TORONTO
YYC	: CALGARY	YOW	: OTTAWA
YHZ	: HALIFAX	YWG	: WINNIPEG

4. 기 타

PDX	: PORTLAND. US	LAX	: LOS ANGELES. US
SCL	: SANTIAGO. CL		

2. 공항(AIRPORT)

Entry 화면 1

```
> DAN DAXING

DAN DAXING
A:APT B:BUS C:CITY P:PRT H:HELI O:OFF-PT R:RAIL S:ASSOC TOWN
BJS C BEIJING                                            /CN
    A PKX - DAXING INTL                  - 43K           /CN
    LATITUDE: 39°30'36"N          LONGITUDE: 116°24'35"E
    TIME DIFF: +8H                LOCAL TIME IS 0308 ON MON02MAR20
*TRN*

> DAC CDG

DAC CDG
A:APT B:BUS C:CITY P:PRT H:HELI O:OFF-PT R:RAIL S:ASSOC TOWN
CITY :
  PAR C PARIS                   /FR:FRANCE
  LATITUDE: 49°00'46"N          LONGITUDE: 02°33'00"E
  TIME DIFF: GMT +1H            LOCAL TIME IS 2008 ON SUN01MAR20
  DAYLIGHT SAVING: 29MAR20 AT 0100 TO 25OCT20 AT 0100: +2H
                   28MAR21 AT 0100 TO 31OCT21 AT 0100: +2H
AIRPORT-HELIPORT :
  CDG A CHARLES DE GAULLE       /FR       - 22K
*TRN*
```

다싱공항은 베이징에 있고 코드는 PKX이다.

CDG는 샤를 드골 공항이고 파리에 있다.

문제	코드/이름	소속 도시
NARITA		
CHANGI		
KIX		
JFK		
FIUMICINO		
O HARE		
IAD		
LHR		
GIMPO		
SONGSHAN		
ORY		
PVG		
LOVE FIELD		
HAMAD		
YYZ		
CGK		

3. 항공사(AIRLINES)

Entry 화면 1

```
> DNA KOREAN AIR

DNA KOREAN AIR
KE/KAL 180 KOREAN AIR
*TRN*
```

대한항공의 코드

```
> DNA OZ

DNA OZ
OZ/AAR 988 ASIANA AIRLINES
*TRN*
```

아시아나항공 영문이름

```
> DNA AIR FRANCE

DNA AIR FRANCE
AF/AFR 057 AIR FRANCE
*TRN*
```

에어프랑스의 코드

```
> DNA CX

DNA CX
CX/CPA 160 CATHAY PACIFIC
*TRN*
```

캐세이퍼시픽항공 영문이름

문제	코드/이름
DELTA AIRLINES	
FINN AIR	
LH	
SQ	
UNITED AIRLINES	
ALL NIPPON AIRWAYS	
CZ	
KL	
AIR SEOUL	
JEJU AIR	
GA	
SU	
TWAY AIR	
JIN AIR	
BX	
AA	

4. 국가(NATION)

Entry 화면 1

```
>  DC  FRANCE

DC  FRANCE
FR    FRANCE/EUROPE                    TC2
      CORSICA

EUR   EURO                             LOCAL/INTL PUBLISHED

FRA   FRANCE CITIZEN
FXX   FRANCE, METROPOLITAN CITIZEN
*TRN*

>  DC  DE

DC  DE
DE    GERMANY/EUROPE                   TC2

EUR   EURO                             LOCAL/INTL PUBLISHED

DEU   GERMANY CITIZEN
*TRN*
```

프랑스 국가코드는 FR

DE는 독일

문제	코드/이름
CHINA	
THAILAND	
SG	
AE	
BRAZIL	
UNITED STATES OF AMERICA	
VN	
GB	

5. 주(STATES)

Entry 화면 1

```
> DNS CALIFONIA

DNS CALIFONIA
US CA CALIFORNIA
*TRN*
```

캘리포니아 주는 미국(US)이고 주코드는 CA

```
> DNS CABC

DNS CABC
CA BC BRITISH COLUMBIA/CANADA
*TRN*
```

CA BC는 캐나다의 브리티시 콜롬비아 주

문제	코드/이름
ONTARIO	
COLORADO	
US IL	
US GA	
QUEENSLAND	
VICTORIA	
CA AB	
US VA	

6. 기종(EQUIPMENTS)

Entry 화면 1

```
>  DNE AIRBUS

DNE AIRBUS
221 N AIRBUS  A220-100                           JET  116-135
223 N AIRBUS  A220-300                           JET  141-160
31N N AIRBUS A319NEO                             JET  140-160
32N N AIRBUS A320NEO                             JET  165-194
32Q N AIRBUS A321NEO                             JET  206-244
338 W AIRBUS A330-800NEO                         JET  220-406
339 W AIRBUS A330-900NEO                         JET  250-350
AB3 W AIRBUS INDUSTRIE A300                      JET  181-317
ABA W AIRBUS INDUSTRIE A300 (LH CONFIG)          JET  207-275
ABF W AIRBUS INDUSTRIE A300 FREIGHTER            JET    0-  0
ABY W AIRBUS INDUSTRIE A300-600 FREIGHTER        JET    0-  0
AB6 W AIRBUS INDUSTRIE A300-600/600C             JET  207-317
ABB W AIRBUS INDUSTRIE A300-600ST BELUGA         JET    0-  0
AB2 W AIRBUS INDUSTRIE A300-B2                   JET  238-298
AB4 W AIRBUS INDUSTRIE A300-B2/B4/C4             JET  211-317
ABM W AIRBUS INDUSTRIE A300-C4 MIXED             JET  211-336
ABX W AIRBUS INDUSTRIE A300B4/C4/F4 FREIGHT JET    0-  0
310 W AIRBUS INDUSTRIE A310                      JET  167-246
314 W AIRBUS INDUSTRIE A310                      JET  222-250
31F N AIRBUS INDUSTRIE A310 FREIGHTER            JET    1- 10
312 W AIRBUS INDUSTRIE A310-200                  JET  169-246
*TRN*
)>

>  DNE 380

DNE 380
380 W AIRBUS INDUSTRIE A380                      JET  480-656
```

기종코드 380은 AIRBUS 사의 A380 기종이다.

A380 기종은 최대 800여 명까지 탑승이 가능한 신기종으로 2층 항공기이다. 항공기 기종에 따라서 총탑승 인원, 기내 좌석의 배열이나 위치가 달라진다.

"ALTEA RESERVATION : YES"는 SUA, "ALTEA RESERVATION:_____"는 PCA이다.

ACCESS LEVEL이란 AMADEUS와 항공사 간의 시스템에서의 작업처리 방식에 따라 응답화면에 나타나는 내용이나 수준에 차이가 있는 것이다. AVAILABILITY를 조회할 때 ACCESS LEVEL INDICATOR가 있어서 확인할 수 있다. 각 항공사의 ACCESS LEVEL을 확인하는 방법은 다음과 같다.

GGPCA LACC

Entry 화면 1

```
> GGPCA LACC

                         GGPCALACC              EN   30APR16 0130Z
 AMADEUS PARTICIPATING CARRIERS : ACCESS LEVEL
 FOR DECODING OF ACCESS LEVEL ENTER    GP1
                             ACC LSA      DYN NUM
 CC  CARRIER NAME            IND IND AAS SCH AVL ADA DIR STD
 --- ----------------------- ---------------------------------
 AA  AMERICAN AIRLINES        .   /  YES             YES YES
 AB  AIR BERLIN               /   /  YES YES YES YES
 AC  AIR CANADA               /   /  YES YES YES YES YES
 AD  AZUL LINHAS AEREAS B     .   /  YES             YES
 AE  MANDARIN AIRLINES        /   /  YES YES YES YES
 AF  AIR FRANCE               /   /  YES YES YES YES
 AG  ARUBA AIRLINES           /   /  YES YES YES
 AH  AIR ALGERIE              .      YES                 YES
 AI  AIR INDIA LIMITED        /   /  YES YES YES YES YES
 AK  AIRASIA SDN BHD          -
 AM  AEROMEXICO               /   /  YES YES     YES YES
 AN  HOP AIRLINAIR            /   /  YES YES YES
 AP  AIRONE S.P.A.                                       YES
 AR  AEROLINEAS ARGENTINA     /   /  YES YES YES YES YES
 AS  ALASKA AIRLINES          /   /  YES YES YES YES YES
                             ACC LSA      DYN NUM
```

- STANDARD ACCESS(공란) : 가장 낮은 레벨로 실시간 조회가 아니므로 스케줄과 좌석수 모두 업데이트가 되지 않는다. HK라 하더라도 12시간 이내에 거절될 수 있으므로 승객에게 좌석 확정을 알리는 것은 12시간 이후에 한다.
- DIRECT ACCESS(*) : 항공사에서 확정된 좌석은 거절되지 않는다. 스케줄과 좌석수를 실제로 조회된다.
- ACCESS UPDATE1(:) : 스케줄은 업데이트 되지만, 좌석수는 업데이트 되지 않는다. 예약 후 항공사에서 거절될 수 있다.
- ACCESS UPDATE2(:) : UPDATE1 + LAST SEAT AVAILABILITY로 좌석판매 후 거절될 가능성은 낮다.
- ACCESS SELL(.) : 스케줄과 좌석수 모두 업데이트 되지 않으며 좌석이 있을 경우 DK 또는 HK로 예약이 된다. PNR을 저장하기 이전에 구간예약을 할 때 즉시 확정된다. 예약된 좌석이 거절될 가능성은 없다.
- FULL ACCESS1(/) : ACCESS UPDATE1과 결합하여 스케줄 업데이트 되며 LAST SEAT은 불가능하다. 판매 후는 ACCESS SELL과 같으므로 HK 후 바로 좌석 확정 안내를 해도 된다.
- FULL ACCESS2(/) : 스케줄과 좌석수 업데이트가 가능하며 HK 되면 바로 확정되는 것으로 가장 높은 레벨이다.

2 연결항공편 조회(직항편이 없는 경우)

직항편이 없는 경우에도 예약가능편을 조회하는 방법은 같으나, 다음과 같이 목적지까지 연결가능한 항공편이 함께 보인다.

AN 23AUG SELSAO

Entry 화면 1

```
> AN23AUGSELSAO

AN23AUGSELSAO
** AMADEUS AVAILABILITY - AN ** SAO SAO PAULO.BRSP          174 SU 23AUG 0000
 1AA:KE5031  J9 C9 D9 I9 Y9 B9 M9 /ICN 1 DFW D  1725    1625  E0/789
             S9 H9 E9 K9 L9 U9 Q9
경유
    AA 963   F7 A4 Z0 C0 J7 R7 D7 /DFW 0 GRU 3  1920    0735+1E0.77W      26:10
             I4 U0 W7 P7 X0 Y7 B7 H7 K7 M7 L7 G7 V7 S7 N7 Q7 O7 T0
 2  AA 280   C0 J6 R1 D0 I0 U0 W7 /ICN 1 DFW D  1725    1625  E0.789
             P5 X0 Y7 B0 H7 K7 M0 L0 G7 V0 S0 N0 Q0 O0 T0
경유
    AA 963   F6 A0 Z0 C0 J6 R1 D0 /DFW 0 GRU 3  1920    0735+1E0.77W      26:10
             I0 U0 W7 P5 X0 Y7 B7 H7 K7 M0 L0 G7 V0 S0 N0 Q0 O0 T0
 3  LH 713   J9 C9 D9 Z9 G9 E9 N9 /ICN 1 FRA 1  1425    1850  E0/744
             Y9 B9 M9 U9 H9 Q9 V9 W9 S9 T9
경유
  LH:SQ2196  F4 Z4 C4 S4 Y9 B9 E9 /FRA 1 GRU 3  2205    0455+1E0/74H      26:30
 4  LH 713   J9 C9 D9 Z9 G9 E9 N9 /ICN 1 FRA 1  1425    1850  E0/744
             Y9 B9 M9 U9 H9 Q9 V9 W9 S9 T9
경유
    LH 506   F8 A1 J9 C9 D9 Z4 G9 /FRA 1 GRU 3  2205    0455+1E0/74H      26:30
             E2 NL Y9 B9 M9 U9 H9 Q9 V9 W9 S9 T9 L9
 5  LH 713   J9 C9 D9 Z9 G9 E9 N9 /ICN 1 FRA 1  1425    1850  E0/744
             Y9 B9 M9 U9 H9 Q9 V9 W9 S9 T9
경유
   *LA8071   J7 C7 D7 I7 Z7 Y7 B7 /FRA 1 GRU 3  2145    0505+1E0/773      26:40
             H7 K7 M7 L7 V7 X7 S7 N7 Q7 O6 G0 A0
```

서울(SEL)에서 상파울로(SAO)로 가고자 하는 경우, 직항편(NON - STOP, DIRECT FLIGHT)이 없으므로 1번 항공편의 경우처럼 서울의 공항(ICN)에서 달라스의 공항(DFW)로 가서 다른 항공편으로 환승하여 상파울로의 공항(SAO)으로 비행하는 연결항공편을 예약해야 한다.

3 특정 항공사의 예약가능편 조회

AN 23AUG SELLAX/AKE

기본지시어 + 출발일 + 출발도시 도착도시 + /A항공사코드

Entry 화면 1

```
> AN23AUGSELLAX/AKE

AN23AUGSELLAX/AKE
** AMADEUS AVAILABILITY - AN ** LAX LOS ANGELES.USCA          174 SU 23AUG 0000
 1    KE 017   P9 A2 J9 C9 D9 I9 R9 /ICN 2 LAX B  1430    1010  E0/388       11:40
               Z9 Y9 B9 M9 S9 H9 E9 K9 L9 U9 QL
 2    KE 011   P9 A4 J9 C9 D9 I9 R9 /ICN 2 LAX B  1940    1520  E0/388       11:40
               Z9 Y9 B9 M9 S9 H9 E9 K9 L9 U9 QL
 3    KE 015   J9 C9 D9 I9 R9 Z9 Y9 /ICN 2 LAX B  2210    1735  E0/77W       11:25
               B9 M9 S9 H9 E9 K9 L9 U9 Q9 N9
 4    KE 025   P7 A3 J9 C9 D9 I9 R9 /ICN 2 SFO I  2000    1500  E0/77W
               Z9 Y9 B9 M9 S9 H9 E9 K9 L9 U9 Q9
  DL:KE7259    J9 C9 D6 I6 R3 Y9 B9 /SFO 1 LAX 2  1702    1840  E0/319  TR   14:40
               M9 S9 H9 E9 K9 L9 U9 QL NL TL
 5DL:KE5019    J9 C9 D9 I9 R9 W4 Y9 /ICN 2 SEA    1920    1350  E0/339
               B9 M9 S9 H9 E9 K9 L9 UL QL NL TL
  DL:KE7454    J9 C9 D3 IL RL Y9 B9 /SEA    LAX 2  1520   1810  E0/739  TR   14:50
               M9 S9 H9 E9 K9 LL UL QL NL TL
 6    KE 019   P5 A1 J9 C9 D9 I9 R9 /ICN 2 SEA    1640    1055  E0/77W
               Z9 Y9 B9 M9 S9 H9 E9 K9 L9 UL QL
  AS:KE6107    J3 C3 Y7 B7 M7 S7 H7 /SEA    LAX 6  1245   1535  E0/320  TR   14:55
               E7 KL LL UL QL NL TL
```

서울(SEL)에서 로스앤젤레스(LAX)로 운항하는 항공편 중 **모두 대한항공(KE)만** 조회되었다. 승객이 선호하는 항공사가 있는 경우 해당 항공사만 조회한다.

4 동일구간 왕복 예약가능편 동시 조회(DUAL CITY PAIR)

AN 23AUG SELBKK*10SEP

기본지시어 + 출발일 + 출발도시 도착도시 * 귀국일

Entry 화면 1

```
> AN23AUGSELBKK*10SEP

AN23AUGSELBKK*10SEP                                 [출국편]
** AMADEUS AVAILABILITY - AN ** BKK BANGKOK.TH               174 SU 23AUG 0000
 1    XJ 703  CA SA XA              ICN 1 DMK 1  0105    0440  T0-330        5:35
 2    7C2201  X4 S4 Z4 LR HR ER JR  ICN 1 BKK    0630    1040  E0.737        6:10
              GR FR VR PR U4 AR
 37C*H19957   Y9 B9 H9 M9 Q9 V9 X9 /ICN 1 BKK    0630    1040  E0/737        6:10
              O9 G9 R9 U9 T9 L9
 4    KE 657  P8 A3 J9 C9 D5 I1 RL /ICN 2 BKK    0905    1245  E0/77W        5:40
              Z9 Y9 B9 M9 S9 H9 E9 K9 L9 U9 Q9 NL TL GL
 5TG:OZ6761   C2 Y4 B4 M4 H4 E4 Q4 /ICN 1 BKK    0935    1325  E0/359        5:50
 6    TG 659  C9 D9 J9 Z9 Y9 B9 M9 /ICN 1 BKK    0935    1325  E0/359        5:50
              H9 Q9 T9 K9 S9 V9 W9
                                                    [귀국편]
** AMADEUS AVAILABILITY - AN ** SEL SEOUL.KR                 192 TH 10SEP 0000
11    7C2204  X4 S4 Z4 ER JR GR FR  BKK   ICN 1  0100    0840  E0.737        5:40
              VR PR U4 AR
127C*H19858   Y9 B9 H9 M9 Q9 V9 X9 /BKK   ICN 1  0100    0840  E0/737        5:40
              O9 G9 R9 U9 T9 L9
13OZ:TG6726   C4 Y4 B4 M4 H4 Q4 T4 /BKK   ICN 1  0100    0915  E0/333        6:15
14    OZ 742  C9 D9 Z9 U9 P9 Y9 B9 /BKK   ICN 1  0100    0915  E0/333        6:15
              M9 H9 E9 Q9 K9 S9 V9 W9 T9 L9 GR
15    LJ 002  Y9 W9 D9 E9 H9 K9 L9 /BKK   ICN 1  0105    0825  E0/738        5:20
              Q9 B9 N9 M9 X8 A8
```

출국편과 귀국편을 한 화면에서 보고 예약을 동시에 진행할 수 있다.

5 특정 항공편의 운항정보 조회

AN 23AUG SELHNL/AKE

```
> AN23AUGSELHNL/AKE

AN23AUGSELHNL/AKE
** AMADEUS AVAILABILITY - AN ** HNL HONOLULU.USHI          174 SU 23AUG 0000
 1   KE 053  P5 A2 J9 C9 D9 I2 RL /ICN 2 HNL 2  2120    1110  E0/74H       8:50
             Z5 Y9 B9 M9 S9 H9 E9 K9 L9 U9 Q9 NL TL GL
 2HA:KE7895  J4 C4 Y7 B7 M7 S7 H7 /ICN 1 HNL 2  2125    1140  E0/332       9:15
             E7
 3   KE 001  J5 C5 D5 I5 R4 ZL Y9 /ICN 2 HNL 2  1740    1000  E1/74H      11:20
             B9 M9 S9 H9 E9 K9 L9 U9 Q9 NL TL GL
```

3번 항공편은 직항이지만 NON-STOP 항공편이 아닌 DIRECT FLIGHT으로 중간경유지를 안내하기 위해 운항정보를 조회한다.

DO3

```
> DO3

DO3
*1A PLANNED FLIGHT INFO*          KE   1  175 SU 23AUG20
APT ARR   DY DEP   DY CLASS/MEAL          EQP  GRND  EFT   TTL
ICN          1740  SU JCDI/L  R/-  Z/L    74H         2:20
```

공항 출발시간 도착시간 지상조업시간 비행시간

```
NRT 2000  SU 2120  SU JCDIRZOYBMS/D           1:20  7:40
                      HEKLUQNTGX/D
HNL 1000  SU                                              11:20

COMMENTS-
 1.ICN NRT   - COCKPIT CREW KOREAN AIR
 2.NRT HNL   - COCKPIT CREW KOREAN AIR
 3.ICN NRT   - CABIN CREW KOREAN AIR
 4.NRT HNL   - CABIN CREW KOREAN AIR
 5.ICN NRT   - DEPARTS TERMINAL 2
 6.NRT HNL   - DEPARTS TERMINAL 1
 7.ICN NRT   - ARRIVES TERMINAL 1
 8.NRT HNL   - ARRIVES TERMINAL 2
```

나리타공항(도쿄) 경유

또는

DO KE001/23AUG

으로 조회할 수도 있다.

KE001편은 서울의 공항(ICN)에서 출발하여 도쿄의 공항(NRT)를 경유하여 하와이의 공항(HNL)으로 운항하는 DIRECT FLIGHT이다. 하와이까지 비행하는 승객은 중간경유지인 나리타공항에서 탑승하는 항공기가 변경되지 않으므로 좌석번호, 수하물도 최종목적지인 하와이까지 그대로 이용할 수 있다.

6 선택사항 지정조회

다음과 같이 기본 조회 ENTRY에 선택사항을 지정하여 수많은 예약가능편 중 승객이 원하는 항공편만 간추려 조회할 수 있다.

ENTRY	설명
AN22MARSELBKK/A - KE	KE 항공사 제외하고 조회
AN22MARSELBKK/A + KE	공동운항편을 제외한 KE 단독운항편만 조회
AN*S22MARSELBKK	SKYTEAM 가입 항공사만 조회
AN*O22MARSELBKK	ONE WORLD 가입 항공사만 조회
AN*A22MARSELBKK	STAR ALLIANCE 가입 항공사만 조회
AN22AMRSELBKK1800	오후 6시경의 항공편부터 조회
AN22MARSELBKK/XHKG	SEL - BKK 운항하는 항공편 중 HKG 경유하는 항공편만 조회(SEL - HKG - BKK)
AN22MARSELBKK/CF	F CLASS(First Class)만 조회

Entry 화면 1

```
> AN23AUGSELBKK/A-KE

AN23AUGSELBKK/A-KE
** AMADEUS AVAILABILITY - AN ** BKK BANGKOK.TH              174 SU 23AUG 0000
 1    XJ 703  CA SA XA              ICN 1 DMK 1  0105   0440  T0-330      5:35
 27C*H19957   Y9 B9 H9 M9 Q9 V9 X9 /ICN 1 BKK    0630   1040  E0/737      6:10
              O9 G9 R9 U9 T9 L9
 3    7C2201  X4 S4 Z4 LR HR ER JR  ICN 1 BKK    0630   1040  E0.737      6:10
              GR FR VR PR U4 AR
 4    TG 659  C9 D9 J9 Z9 Y9 B9 M9 /ICN 1 BKK    0935   1325  E0/359      5:50
              H9 Q9 T9 K9 S9 V9 W9
 5TG:OZ6761   C2 Y4 B4 M4 H4 E4 Q4 /ICN 1 BKK    0935   1325  E0/359      5:50
 6    TG 657  C9 D9 J9 Z9 Y9 B9 M9 /ICN 1 BKK    1020   1410  E0/773      5:50
              H9 Q9 T9 K9 S9 V9 W9
 7TG:OZ6737   C2 Y4 B4 M4 H4 E4 Q4 /ICN 1 BKK    1020   1410  E0/773      5:50
 8    XJ 701  CA SA XA              ICN 1 DMK 1  1115   1505  T0-330      5:50
 9    TG 689  C9 D9 J9 Z1 Y9 B9 M9 /ICN 1 BKK    1120   1510  E0/788      5:50
              H9 Q9 T9 K9 S9 V9 W9
```

Entry 화면 1

```
> AN23AUGSELBKK/A+KE

AN23AUGSELBKK/A+KE
** AMADEUS AVAILABILITY - AN ** BKK BANGKOK.TH              174 SU 23AUG 0000
 1    KE 657  P8 A3 J9 C9 D5 I1 RL /ICN 2 BKK    0905   1245  E0/77W      5:40
              Z9 Y9 B9 M9 S9 H9 E9 K9 L9 U9 Q9 NL TL GL
 2    KE 651  J9 C9 DL IL RL Z9 Y9 /ICN 2 BKK    1805   2145  E0/773      5:40
              B9 M9 S9 H9 E9 K9 L9 U9 Q6 NL TL GL
 3    KE 659  PL AL J9 C9 D9 I9 R9 /ICN 2 BKK    1945   2350  E0/77W      6:05
              Z2 Y9 B9 M9 S9 H9 E9 K9 L9 U9 Q9 N6 TL GL
 4    KE1123  CL ZL Y9 BL ML SL HL /GMP D PUS D  1800   1905  E0/739
              EL KL LL UL NL VL GL Q5 T5
      KE 661  J9 C9 D7 I6 RL Z3 Y9 /PUS I BKK    2040   0015+1E0/73J      8:15
              B9 M9 S9 H9 E9 K9 L9 U9 Q9 NL TL G9
 5    KE1121  CL ZL Y9 BL ML SL HL /GMP D PUS D  1700   1805  E0/739
              EL KL LL UL NL VL GL Q5 T5
      KE 661  J9 C9 D7 I6 RL Z3 Y9 /PUS I BKK    2040   0015+1E0/73J      9:15
              B9 M9 S9 H9 E9 K9 L9 U9 Q9 NL TL G9
```

Entry 화면 1

```
> AN23AUGSELBKK1800

AN23AUGSELBKK1800
** AMADEUS AVAILABILITY - AN ** BKK BANGKOK.TH              174 SU 23AUG 1800
 1   ZE 511  Y9 V9 Q9 R9 K9 W9 O9  ICN 1 BKK    1730    2120  E0.738        5:50
 2   KE 651  J9 C9 DL IL RL Z9 Y9 /ICN 2 BKK    1805    2145  E0/773        5:40
             B9 M9 S9 H9 E9 K9 L9 U9 Q6 NL TL GL
 3OZ:TG6727  C4 Y4 B4 M4 H4 Q4 T4 /ICN 1 BKK    1930    2310  E0/333        5:40
 4   OZ 741  C9 D9 Z9 U9 P9 Y9 B9 /ICN 1 BKK    1930    2310  E0/333        5:40
             M9 H9 E9 Q9 K9 S9 V9 W9 T9 L9 GR
 5   KE 659  PL AL J9 C9 D9 I9 R9 /ICN 2 BKK    1945    2350  E0/77W        6:05
             Z2 Y9 B9 M9 S9 H9 E9 K9 L9 U9 Q9 N6 TL GL
 6   LJ 001  Y9 W9 D9 E9 H9 K9 L9 /ICN 1 BKK    1955    2335  E0/738        5:40
             Q9 B9 N9 M9 X8 A8
 7   7C2203  X4 S4 ZR LR HR ER JR  ICN 1 BKK    2005    2359  E0.737        5:54
             GR FR VR PR U4 AR
 87C*H19857  Y9 B9 H9 M9 Q9 V9 X9 /ICN 1 BKK    2005    2359  E0/737        5:54
             O9 G9 R9 U9 T3
```

Entry 화면 1

```
> AN23AUGSELBKK/XHKG

AN23AUGSELBKK/XHKG
** AMADEUS AVAILABILITY - AN ** BKK BANGKOK.TH              174 SU 23AUG 0000
 1   CX 411  J9 C9 D9 I9 Y9 B9 H9 /ICN 1 HKG 1  1510    1805  E0/773
             K9 M9 L9 V9 S9 N9 QL OL
  TG:TK8023  C2 D2 Z2 K2 J2 Y4 B4 /HKG 1 BKK    1905    2045  E0/330        7:35
             M4 A4 H4 S4 O4 E4 Q4 T4 L4 V4 P4 W4
 2   CX 411  J9 C9 D9 I9 Y9 B9 H9 /ICN 1 HKG 1  1510    1805  E0/773
             K9 M9 L9 V9 S9 N9 QL OL
     TG 639  C9 D9 J9 Z6 Y9 B9 M9 /HKG 1 BKK    1905    2045  E0/330        7:35
             H9 Q9 T9 K9 S9 V9 W9
 3   CX 417  J9 C9 D9 I9 Y9 B9 H9 /ICN 1 HKG 1  1010    1300  E0/333
             K9 M9 L9 V9 S9 N9 Q9 O5
  WE:TG2631  U9 Y9 B9 M9 H9 Q9 T9 /HKG 1 BKK    1410    1550  E0/320        7:40
             K9 S9 V9 W9
 4   CX 417  J9 C9 D9 I9 Y9 B9 H9 /ICN 1 HKG 1  1010    1300  E0/333
             K9 M9 L9 V9 S9 N9 Q9 O5
     WE 631  U9 E  Y9 B9 M9 H9 Q9  HKG 1 BKK    1410    1550  E0 320        7:40
             G9 T9 K9 S9 X9 V9 W9 LL NL
```

7 간편 조회

ENTRY	설명
AC1	조회한 예약가능편의 다음 날짜로 다시 조회
AC - 1	조회한 예약가능편의 이전 날짜로 다시 조회
AC1*	DUAL CITY 화면 중 출국편만 다음 날짜 다시 조회
AC*1	DUAL CITY 화면 중 귀국편만 다음 날짜 다시 조회
AC20FEB	2월 20일로 다시 조회
ACR	조회한 예약가능편의 복편(귀국편) 조회
ACR20FEB	조회한 예약가능편의 복편을 2월 20일로 조회
AC/ATG	항공사를 TG로 변경하여 조회

8 스케줄 조회(SCHEDULE)

스케줄 조회 화면(SN)은 예약가능편 조회 화면(AN)과 비슷하지만 AN은 실제 예약가능한 좌석만 보이고, SN 화면은 예약마감(CLOSE)된 좌석도 보인다.

SN 23AUG SELBKK

기본지시어 + 출발일 + 출발도시 도착도시

```
> SN23AUGSELBKK

SN23AUGSELBKK
** AMADEUS SCHEDULES - SN ** BKK BANGKOK.TH                    174 SU 23AUG 0000
 1   XJ 703  CA SA XA             ICN 1 DMK 1  0105   0440  T0-330       5:35
 2   7C2201  YS BS KS NS QS MS TS ICN 1 BKK    0630   1040  E0.737       6:10
             WS OS RS X4 S4 Z4 LR HR ER JR GR FR VR PR U4 AR
 37C*H19957  WC EC SC Y9 B9 H9 M9 /ICN 1 BKK   0630   1040  E0/737       6:10
             Q9 V9 X9 O9 G9 R9 U9 T9 L9
 4   KE 657  P8 A3 J9 C9 D5 I1 RL /ICN 2 BKK   0905   1245  E0/77W       5:40
             Z9 Y9 B9 M9 S9 H9 E9 K9 L9 U9 Q9 NL TL GL
 5   TG 659  C9 D9 J9 Z9 Y9 B9 M9 /ICN 1 BKK   0935   1325  E0/359       5:50
             H9 Q9 T9 K9 S9 V9 W9
 6TG:OZ6761  C2 Y4 B4 M4 H4 E4 Q4 /ICN 1 BKK   0935   1325  E0/359       5:50
번호 비행편명 예약등급과 잔여석     출발   도착   출발시  도착시 경유.기종   비행시간
```

9 주간 스케줄 조회(TIME TABLE)

항공편 운항스케줄은 일주일 단위로 편성된다. 매일 운항하더라도 요일에 따라서 운항시간이나 기종 등 세부내용이 달라질 수 있다. 매일 운항하지 않는 경우 운항하는 요일을 확인해 보려면 주간 스케줄 조회를 이용한다.

TN 23AUG SELBKK

기본지시어 + 출발일 + 출발도시 도착도시

Entry 화면 1

```
> TN23AUGSELBKK

TN23AUGSELBKK
** AMADEUS TIMETABLE - TN ** BKK BANGKOK.TH                 23AUG20 30AUG20
 1   XJ 703  D    ICN 1 DMK 1  0105    0440    0 31MAR19         330  5:35
 2   7C2201  D    ICN 1 BKK    0630    1040    0 29MAR20 24OCT20 737  6:10
 37C*H19957  D    ICN 1 BKK    0630    1040    0 29MAR20 24OCT20 737  6:10
 4   KE 657  D    ICN 2 BKK    0905    1245    0 29MAR20 24OCT20 77W  5:40
 5   TG 659  D    ICN 1 BKK    0935    1325    0 29MAR20 24OCT20 359  5:50
 6TG:OZ6761  D    ICN 1 BKK    0935    1325    0 29MAR20 24OCT20 359  5:50
 7TG:OZ6737  D    ICN 1 BKK    1020    1410    0 29MAR20 24OCT20 773  5:50
 8   TG 657  D    ICN 1 BKK    1020    1410    0 29MAR20 24OCT20 773  5:50
 9   XJ 701  D    ICN 1 DMK 1  1115    1505    0 31MAR19         330  5:50
10TG:OZ6739  X35  ICN 1 BKK    1120    1510    0 29MAR20 24OCT20 788  5:50
11   TG 689  X35  ICN 1 BKK    1120    1510    0 30MAR20 24OCT20 788  5:50
12   ZE 511  D    ICN 1 BKK    1730    2120    0 29MAR20 24OCT20 738  5:50
```

D 매일
1=월
7=일
X 제외

10 시차조회(TIME AND DATE)

시차조회는 시간에 대한 승객의 질문에 응답하거나 업무상 현지의 시간 확인이 필요할 때 사용한다.

DD DXB

기본지시어 + 도시코드

Entry 화면 1

```
> DDDXB

DDDXB
DXB TIME IS 0340/0340A ON MON02MAR20
DXB IS 05HRS 00MIN EARLIER
*TRN*
```

두바이의 현재시간은 오전 3시 40분(0340)이며, 2020년 3월 2일(02MAR20) 월요일(MON)이다. 두바이는 서울보다 5시간 이르므로(EARLIER) 서울의 시간에서 –5시간이다.

DD SEL1200 /LAX

기본지시어 + 도시코드 기준시간 + /비교도시코드

Entry 화면 1

```
> DD SEL1200/LAX

DD SEL1200/LAX
LAX TIME IS 1900/0700P ON SUN01MAR20
LAX IS 17HRS 00MIN EARLIER
*TRN*
```

서울(SEL)이 낮 12시(1200)일 때 로스앤젤레스(LAX)는 하루 전날인 2020년 3월 1일 일요일 오후 7시(1900)이다. LAX의 시간은 SEL의 시간에서 – 17시간(EARLIER)이다.

11 최소연결시간(Minimum Connection Time : MCT) 조회

승객이 이용하는 항공편이 경유하는 항공편일 경우 환승하는 공항에서 항공편을 환승하는 데 걸리는 최소시간을 최소연결시간(MCT)이라 한다. 경유하는 항공편을 예약할 경우 반드시 환승공항에서 소요되는 시간을 확인하여 충분한 여유시간을 확보하는 것이 중요하다.

최소연결시간은 공항의 규모나 공항과 공항간의 거리, 이용하는 항공사 등 환승하는 조건에 따라서 큰 차이가 있다. 또한 최소연결시간을 확보하였다 하더라도 탑승하는 승객의 상황(장애인, 유아나 노약자 동반 등)에 따라 더 많은 시간이 걸리는 경우가 있으므로 승객의 상황도 파악하는 세심한 서비스가 필요하다.

DM ICN

기본지시어 + 공항코드

Entry 화면 1

```
> DM ICN
                                                         국내 국내 국제 국제
                                                          ↓    ↓    ↓    ↓
DMICN/02MAR20
ICN  STANDARD MINIMUM CONNECTING TIMES                   국내 국제 국내 국제
ICN-ICN      FROM           -           TO               D/D  D/I  I/D  I/I
CC FLTN-FLTR ORGN EQP TM CS-CC FLTN-FLTR DEST EQP TM CS HHMM HHMM HHMM HHMM
                            -                           0040 0140 0140 0110
                         1  -                       1   0040 0140 0140 0110
                         2  -                       1   ---- ---- 0210 0130
                         1  -                       2   ---- 0210 ---- 0130
                         2  -                       2   ---- ---- ---- 0045
CK SPECIFIC CARRIER FOR EXCEPTIONS TO STANDARD CONNECTING TIMES        시간
PRECLEARANCE MAY APPLY
*TRN*
```

역량평가 예상문제 /

1. 다음 화면의 내용에 대한 설명으로 맞는 것(○)과 틀린 것(×)을 표시하시오.

Entry 화면 1

```
> AN23AUGSELHNL

AN23AUGSELHNL
** AMADEUS AVAILABILITY - AN ** HNL HONOLULU.USHI          172 SU 23AUG 0000
 1OZ:TG6733  C4 D4 J4 Y4 B4 M4 H4 /ICN 1 HNL 2  2020   1030  E0/77L       9:10
             Q4 T4 K4 V4 W4
 2   OZ 232  J9 C9 D9 Z9 U6 P6 Y9 /ICN 1 HNL 2  2020   1030  E0/77L       9:10
             B9 M9 H9 E9 Q9 K9 S9 V9 W9 T2 L9 GR
 3KE:DL7939  F5 J9 C9 D9 I9 Z9 Y9 /ICN 2 HNL 2  2120   1110  E0/74H       8:50
             B9 M9 H9 Q9 K9 L9 U9 T9 X0 V0
 4   KE 053  P5 A2 J9 C9 D9 I2 RL /ICN 2 HNL 2  2120   1110  E0/74H       8:50
             Z5 Y9 B9 M9 S9 H9 E9 K9 L9 U9 Q9 NL TL GL
 5   HA 460  J7 P7 C7 A0 D0 Y7 W7  ICN 1 HNL 2  2125   1140  E0.332       9:15
             X7 Q7 V7 B7 S7 N7 M7 I7 H7 G7 K7 L7 Z0 O0 R7 E  U0 T0
 6HA:KE7895  J4 C4 Y7 B7 M7 S7 H7 /ICN 1 HNL 2  2125   1140  E0/332       9:15
             E7
 7   KE 001  J5 C5 D5 I5 R4 ZL Y9 /ICN 2 HNL 2  1740   1000  E1/74H      11:20
             B9 M9 S9 H9 E9 K9 L9 U9 Q9 NL TL GL
 8KE:JL5218  J9 C9 Y9 B9          /ICN 2 NGO 1  1905   2055  E0/789
     JL9721  J9 C9 D9 I9 X9 U9 W9 /NGO 1 HNL 2  2210   1035  E0/789      10:30
             R9 E9 P9 Y9 B9 H9 K9 M9 L9 V9 S9 N9 Q9 O9 G9 T9
```

① 서울에서 미국 하와이 행 항공편을 조회하였다. (　　　)

② 2번 항공편의 목적지 도착일은 3월 23일이다. (　　　)

③ 4번 항공편은 인천공항 2터미널에서 오후 9시 20분에 출발한다. (　　　)

④ 6번 항공편은 모두 공항에서 대한항공에 탑승하는 공동운항편이다. (　　　)

⑤ DIRECT FLIGHT 은 2개이다. (　　　)

⑥ 7번 항공편의 중간경유지는 도쿄이다. (　　　)

⑦ 8번 항공편은 나고야에서 환승하는 CONNECTING FLIGHT이다. (　　　)

⑧ 5번 항공편은 호놀룰루 공항 2터미널에 도착한다. (　　　)

⑨ NON-STOP 항공편은 8개이다. (　　　)

⑩ 7번 항공편의 중간경유지에서 지상조업시간은 1시간 20분이다. (　　　)

2. 6월 20일 이후 서울(SEL)에서 비엔나(VIE)행 대한항공 운항편의 운항요일은?

3. 8월 24일 서울(SEL)에서 몰디브 말레(MLE)행 대한항공 운항편의 중간경유지는?

4. 5월 15일 서울(SEL)에서 홍콩(HKG)으로 캐세이퍼시픽 항공(CX)을 이용하여 출국하였다가 5월 20일 홍콩에서 서울로 귀국하는 항공편을 동시에 조회할 수 있는 DUAL CITY PAIR 명령어(ENTRY)는?

5. 중국 베이징(BJS) 다싱 공항(PKX)에서 국제선(I)으로 도착하여 국제선(I)으로 출국할 때 환승하는데 걸리는 최소연결시간(Minimum Connecting Time)은?

6. 서울(SEL)에서 인도네시아 발리(DPS)로 출국하여 8개월간 체류하고 귀국하는 승객이 이용할 수 있는 대한항공의 가장 저렴한 BOOKING CLASS는?

7. 서울(SEL)과 미국 애틀랜타(ATL)의 시차는 몇 시간인가?

■ 항공용어

- C.I.Q : Customs, Immigration, Quarantine(세관, 출입국 심사, 검역)의 약자로 출국 또는 입국 시, 공항에서 이루어지는 수속과정이다.
- Cabotage : 한 국가 영토 내에서 타국 항공사의 상업적인 운송규제. 외국항공사는 타 국가 내에서의 국내 구간 운송이 금지되고 있다.
- Cancellation Charge : 예약취소 수수료
- Charter Flight : 전세항공기
- CIP : Commercially Important Person의 약자로 항공사와 중요한 관계를 맺고 있는 업체의 고위 간부
- Circle Trip : 출발지와 도착지가 동일하고 OUTBOUND의 요금과 INBOUND의 요금이 다른 일주여행(예:SEL – TYO – OSA – SEL)
- Company Account(COACT) : 항공사가 항공기 연착이나 취소 등의 사유로 지상에서 관광객 숙박비 등을 부담하는 것
- Confirmation : 예약의 확인
- Conjunction Ticket : 한 권의 항공권에 기입 가능한 구간은 4개 구간이므로 그 이상의 구간을 관광할 때에는 한 권 이상의 항공권으로 분할하여 기입한다. 이러한 일련의 항공권을 말하며, 각각의 항공권면 상에 타 항공권의 번호를 기입한다.
- CRT(Cathode Ray Tube) : 컴퓨터에 연결되어 있는 전산장비의 일종으로 TV와 같은 화면과 타자판으로 구성되어 있으며 main computer에 저장되어 있는 정보를 즉시 display해 보거나 필요시 input도 할 수 있다.
- DCS(Departure Control System) : 공항에서 관광자의 탑승수속 및 탑승관리업무 전산화시스템
- Deportee : 추방
- Deposit : 예치금
- Direct Sales : 타 항공사나 대리점을 통하지 않고 자사에서 직접 판매하는 것. '직판'이라 불리기도 한다.
- Divert : 항공기가 기상 및 제반 여건에 의해 예정 공항에 착륙하지 못하고 인근의 다른 공항에 착륙하는 것
- Double Booking : 중복 예약 또는 이중예약
- DSR(Daily Sales Report) : 항공권 판매에 관한 일일판매보고서

학습

2

항공 예약하기

항공예약

TOPAS Sell Connect

[학습 2] 항공 예약하기

[학습 1] 항공 조회하기	[학습 3] 항공 예약 변경하기	[학습 4] 항공 예약기록 관리하기

1-1 필수사항 처리

학습목표	항공예약에 필요한 필수사항인 여정, 성명, 연락처 정보를 처리할 수 있다.

필요지식 /

1 예약기록(PNR)의 개념

항공예약시스템(CRS)에 기록된 승객의 항공편 예약에 관련된 기록을 PNR(Passenger Name Record)이라 부른다. PNR에는 승객의 성명, 여정, 연락처 등 항공편 이용에 필요한 여러 항목들을 기록해야 하는데 이러한 항목들을 ELEMENT라고 한다. 항목은 반드시 입력해야 하는 필수항목과 내용이 있을 때만 입력하는 선택항목이 있다. 필수항목을 입력하지 않을 경우 예약을 완성(저장)할 수 없다.

구분	ELEMENT	설명	ENTRY
필수	Itinerary	항공/비항공 운송구간	SS1Y2
	Name	승객성명	NM1HONG/GILDONGMR
	Phone	승객연락처	AP 031 - 350 - 2394 SSC TOUR KIM/SUNHEE
	Ticket Arrangement	발권예정일 정보 (저장시 자동입력)	TKOK TKTL22DEC
선택	SR	서비스 사항	SR BBML
	OS	항공사전송 INFO	OS KE VIP CEO SAMSUNG
	Received From	예약작성자, 변경의뢰자	RF PAX

각 항목들은 컴퓨터를 이용하여 데이터를 처리하기 쉽도록 정해진 규칙에 따라 작성해야 하며, 작성된 기록은 수시로 CRS에서 조회할 수 있다. 따라서 항공권 판매, 탑승 등에 관련된 업무를 처리하는 과정에서 화면에 나타난 내용을 판독할 수 있어야 한다.

2 여정 작성(ITINERARY)

승객이 항공편을 이용하여 이동하는 구간을 항공구간(AIR SEGMENT)이라고 한다. 승객이 SEL(서울) - BKK(방콕), BKK - SEL의 형태로 여행하는 경우 승객의 여정은 1. SEL - BKK 2. BKK - SEL 2개의 항공구간으로 구성된다.

그러나, 승객이 SEL(서울) - PAR(파리), LON(런던) - SEL(서울)의 형태로 여행하는 경우 승객의 여정은 1. SEL - PAR

2. ARNK

3. LON - SEL

처럼 2개의 항공구간과 1개의 비항공 운송구간(Arrival Unknown: ARNK 항공기로 이동하지 않는 구간)으로 구성되므로 전체 여정에 모두 3개의 구간이 존재한다.

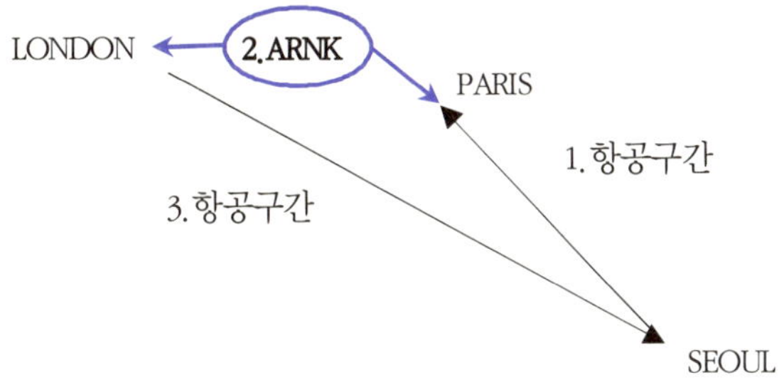

항공구간과 비항공 운송구간을 모두 여정이라 한다. 승객의 여정은 모두 연속되어 있어야 하는데, 중간에 비항공 운송구간(ARNK)이 있어 여정의 연속성(Segment Continuity)이 끊어진 경우 ARNK 표시를 한다. ARNK 표시를 하지 않아도 예약내용을 저장하는 것에는 문제가 없으나, 이후 예약을 변경할 때마다 여정의 연속성을 확인하라는 메시지(WARNING MSG:

CHECK SEGMENT CONTINUITY - SEGMENT 2/3)가 계속 나오므로 처음 PNR을 작성할 때 ARNK를 표시하여 여정을 잘 정리해 두는 것이 좋다.

항공여정 예약과 함께 호텔 등 숙박예약, 렌터카, 기차, 버스 등 교통편 예약도 함께 할 수 있으며, 항공예약 없이 숙박예약이나 교통편예약만을 별도로 하여 예약을 작성할 수도 있다.

1. 예약가능편을 이용한 여정 작성(AVAILABILITY)

AN 23AUG SELPAR

Entry 화면 1

```
> AN23AUGSELPAR

AN23AUGSELPAR
** AMADEUS AVAILABILITY - AN ** PAR PARIS.FR              172 SU 23AUG 0000
 1   AF 267  J9 C9 D9 I9 Z2 O9 W9 /ICN 2 CDG2E  0905   1405  E0/77W      12:00
             S9 A1 Y9 B9 M9 U9 K9 H9 L9 Q9
 2AF:KE5901  J9 C9 D9 I6 R6 Z4 Y9 /ICN 2 CDG2E  0905   1410  E0/77W      12:05
             B9 M9 S9 H9 E9 K9 L9 UL QL GL
 3   OZ 501  J9 C9 D9 Z9 U9 P4 Y9 /ICN 1 CDG 1  1230   1750  E0/77L      12:20
             B9 M9 H9 E9 Q9 K9 S9 VL W2 TL LL GR
 4KE:AF5093  J9 C9 D9 I9 Z4 O7 Y9 /ICN 2 CDG2E  1320   1830  E0/388      12:10
             B9 M9 U9 K9
 5   KE 901  P8 AL J9 C9 DL IL RL /ICN 2 CDG2E  1320   1830  E0/388      12:10
             Z9 Y9 B9 M9 S9 H9 E9 KL LL UL QL NL TL GL
 6   LH 719  J7 C5 DL ZL G9 E9 N9 /ICN 1 MUC 2  1015   1420  E0/359
             Y9 B9 M9 U9 H9 Q9 V9 W9 SL
     LH2232  J9 C9 D9 Z9 P9 Y9 B9 /MUC 2 CDG 1  1535   1710  E0/32A      13:55
             M9 U9 H9 Q9 V9 W9 S5
 7   LH 713  J9 C9 D9 Z9 G9 E9 N9 /ICN 1 FRA 1  1425   1850  E0/744
             Y9 B9 M9 U9 H9 Q9 V9 W9 S9 T9
   A5*AF1819 J8 C8 D7 I7 Z6 O3 Y9 /FRA 2 CDG2G  1955   2120  E0/E70      13:55
             B9 M9 P9 U9 F9 K9 H9 L9 A9 Q9 T9 E2
```

직항 (1) / 경유 (6)

번호 비행편명 예약등급과 잔여석 출발 도착 출발시 도착시 경유.기종 비행시간

SS2Y5

기본지시어 + 요청좌석수 + 요청예약등급 + 선택항공편 번호

Entry 화면 - 23AUG - CDG [1]

```
> SS2Y5

RP/SELK1394Z/
  1  KE 901 Y 23AUG 7 ICNCDG DK2  1320 1830  23AUG  E  0 388 LD
     BLOCKSPACE CODESHARE FLIGHT
     SEE RTSVC
```

번호	비행편명	예약등급	탑승날짜	요일	출발도착	좌석수	출발시	도착시	경유.기종

선택한 5번 항공편(KE901)에 2개의 좌석을 요청하였으며, 예약등급(BOOKING CLASS)은 Y 이다.

2. 비항공 운송구간(ARNK) 작성

SI ARNK

Entry 화면 - 23AUG - CDG [1]

```
> SI ARNK

RP/SELK1394Z/
  1  KE 901 Y 23AUG 7 ICNCDG DK2  1320 1830  23AUG  E  0 388 LD
     BLOCKSPACE CODESHARE FLIGHT
     SEE RTSVC
  2  ARNK
  3  KE 908 Y 30AUG 7 LHRICN DK2  1935 1435  31AUG  E  0 388 DB
     SEE RTSVC
```

출국편 파리(CDG) 도착 후 귀국편을 런던(LHR)에서 탑승하므로

비항공 운송구간은 승객이 항공편 이외에 다른 교통수단을 이용하여 이동하는 구간이다.

3. 미확정 구간 작성(OPEN SEGMENT)

미확정 구간이란 탑승하는 항공편이나 탑승일을 미리 정하여 예약하지 않고 탑승구간만 정하여 예약한 후 나중에 실제 탑승일이 결정되었을 때 항공사에 통보하여 결정하는 예약을 말한다. 미확정예약(OPEN 예약)은

① 탑승구간, 탑승 CLASS는 반드시 정해야 한다.

② 첫 번째 구간은 날짜를 반드시 정해야 한다.

③ 반드시 공항코드로 예약해야 한다.

④ 해당구간을 운항하고 있는 항공사 코드나 YY(모든 항공사)를 사용한다.

⑤ 탑승일, 탑승항공사가 결정되면 72시간 전까지 해당 항공사로 통보하여 좌석을 확보한다.

AN 23AUG SELLON

Entry 화면 - 23AUG - LHR [1]

```
> AN23AUGSELLON

AN23AUGSELLON
** AMADEUS AVAILABILITY - AN ** LON LONDON.GB              172 SU 23AUG 0000
 1    BA 018  J9 C9 D9 R9 I5 W9 E9 /ICN 1 LHR 5  1035   1430  E0/788      11:55
              T9 Y9 B9 H9 K9 M9 L9 V9 S9 N9 Q9 O9 GL
 2    KE 907  P2 AL J9 C9 DL IL RL /ICN 2 LHR 4  1330   1725  E0/388      11:55
              Z3 Y9 B9 M9 S9 H9 E9 K9 L9 U9 Q9 NL TL GL
 3    OZ 521  J9 C9 D9 Z9 U9 P5 Y9 /ICN 1 LHR 2  1430   1850  E0/359      12:20
              B9 M9 H9 E9 Q9 K9 S9 V6 WL TL LL GR
 4    LH 713  J9 C9 D9 Z9 G9 E9 N9 /ICN 1 FRA 1  1425   1850  E0/744
              Y9 B9 M9 U9 H9 Q9 V9 W9 S9 T9
      LH 920  J9 C9 D9 Z9 P9 Y9 B9 /FRA 1 LHR 2  2000   2040  E0/32N      14:15
              M9 U9 H9 Q9 V9 W9 S9 T9 L9 K9
 5    LO 098  C9 D9 P9 A1 JL Y9 B9 /ICN 1 WAW    1055   1425  E0/789
              M9 E9 H9 K9 Q9 G9 T9 S9
  LO:SQ2369   Z4 C4 J4 U4 D4 Y4 B4 /WAW   LHR 2  1530   1720  E0/738      14:25
              E4 M4 H4
> SS1M2

RP/SELK1394Z/
  1  KE 907 M 23AUG 7 ICNLHR DK1  1330 1725  23AUG  E  0 388 LD
     SEE RTSVC
```

첫 번째 구간(출국편)은 탑승일, 탑승항공편을 모두 확정하여 예약한다.

두 번째 구간(귀국편)은 탑승일과 탑승항공사를 확정하지 않고 예약한다.

SO YY M LHRICN

기본지시어 + 모든 항공사(YY)코드 + 예약등급 + 출발공항 도착공항 코드

Entry 화면 - 23AUG - LHR [1]

```
> SOYYMLHRICN

RP/SELK1394Z/
  1  KE 907 M 23AUG 7 ICNLHR DK1  1330 1725  23AUG  E  0 388 LD
     SEE RTSVC
  2  YYOPEN M          LHRICN
```

두 번째 구간은 탑승구간(LHRICN)과 BOOKING CLASS(M)만 확정한 상태로 미확정예약(OPEN)이 되었다.

만약 두 번째 구간에도 대한항공(KE)을 탑승하고자 한다면 탑승항공사, BOOKING CLASS, 탑승구간은 확정하고 탑승일, 탑승항공편만 미확정한 상태로 다음과 같이 예약한다.

SO KE M AKLICN

기본지시어 + 대한항공 코드 + 예약등급 + 출발공항 도착공항 코드

Entry 화면 - 23AUG - LHR [1]

```
> SOKEMLHRICN

RP/SELK1394Z/
  1  KE 907 M 23AUG 7 ICNLHR DK1  1330 1725  23AUG  E  0 388 LD
     SEE RTSVC
  2  KEOPEN M          LHRICN
```

4. 직접 여정 작성(DIRECT SEGMENT)

SS KE908 Y 30MAR LONSEL 3

기본지시어 + 비행편명 + BOOKING CLASS + 탑승일 + 출발도시 도착도시 코드 + 요청 좌석수

Entry 화면 1

```
>  SSKE908Y30MARLONSEL3

RP/SELK1394Z/
  1  OZ 501 Y 22MAR 3 ICNCDG DK3  1230 1700  22MAR  E  0 772 LS
     OZ ECONOMY CLASS
     SEE RTSVC
  2  KE 908 Y 30MAR 4 LHRICN DK3  1935 1425  31MAR  E  0 388 DB
     SEE RTSVC
*TRN*
```

승객이 요청하는 비행편명과 잔여좌석상태를 알고 있다면 예약가능편(AVAILABILITY) 화면을 보지 않고 바로 좌석을 요청할 수도 있다.

5. 대기자 여정 작성(WAITING LIST)

예약가능한 좌석이 없어 대기자로 예약할 경우는 다음과 같다.

AN 30SEP SELOKA

Entry 화면 1

```
> AN30SEPSELOKA

AN30SEPSELOKA
** AMADEUS AVAILABILITY - AN ** OKA OKINAWA.JP              14 FR 30SEP 0000
 1    OZ 172  C8 DL ZL UL Y9 BL ML /ICN   OKA I  0940    1155  E0/763        2:15
              HL EL QL KL SL VL WL TL LL GR
 2OZ:NH6994  J4 C4 DL ZL PL Y4 BL /ICN   OKA I  0940    1155  E0/763        2:15
              ML UL HL QL VL WL SL LL KL
 3    LJ 245  WL YL DL UL TL GL    /ICN   OKA I  1035    1250  E0/738        2:15
 4    ZE 631  Y9 M9                 ICN   OKA I  1130    1400  E0.738        2:30
```

9월 30일 서울(SEL) - 오키나와(OKA)의 항공편은 대기자 예약가능(L) 상태이다. 따라서 대기자로 예약을 한 후, 취소하는 예약이 있으면 좌석을 확보할 수 있다. 대기자 예약도 예약가능편(AVAILABILITY)을 조회하여 예약하는 방법과 직접 입력방법(DIRECT SEGMENT)으로 예약하는 방법이 있다.

SS1K6/PE

Entry 화면 1

```
> SS1K6/PE

RP/SELK1394Z/
  1  KE 735 K 30SEP 5 ICNOKA DW1  1530 1755  30SEP  E  0 772 M
     SEE RTSVC
```

또는

SS KE735 K 30SEP ICNOKA PE1

Entry 화면 1

```
> SSKE735K30SEPICNOKAPE1

RP/SELK1394Z/
  1  KE 735 K 30SEP 5 ICNOKA DW1  1530 1755  30SEP  E  0 772 M
     SEE RTSVC
```

3 성명 작성(NAME)

다른 교통수단과 달리 항공권에는 탑승자의 성명이 기재되며, 해당 항공권은 탑승자 이외에는 이용할 수 없고, 타인에게 양도할 수도 없다. 따라서 탑승자 본인 이외의 다른 성명으로 예약할 수 없다. 또한 **탑승자의 성명은 예약파일이 저장된 이후에 수정하거나 삭제하는 것이 불가능하므로 성명을 입력할 때는 오류가 발생하지 않도록 주의해야 한다.** 성명을 작성할 때 주의사항은 다음과 같다.

① 예약 시 성명은 여권의 영문명을 확인하고 그대로 기록해야 한다. 여권과 영문명이 한 글자라도 다를 경우 동일인이 아니므로 탑승수속을 할 수 없다.

② 항상 성(LAST NAME)을 앞에 입력하고 이름을 뒤에 입력해야 한다. 예를 들어 홍길동에서 홍(성), 길동(이름)이므로 HONG/GILDONG으로 입력해야 하지만, TOM CRUISE는 TOM(이름) CRUISE(성)이므로 CRUISE/TOM으로 입력해야 한다. 성과 이름을 구분하기 위해 /를 중간에 넣는다.

③ 성명 뒤에 성별이나 신분에 적합한 TITLE을 붙인다. 나이에 따라 유아, 소아, 성인으로 구분하며, 탑승일을 기준으로 유아, 소아, 성인에 해당되는지 판단한다.

용어	TITLE	설명	운임
유아(INFANT)	MISS(여) MSTR(남)	만 2세 미만. 유아는 좌석을 배정하지 않으며 성인 보호자 1인당 유아할인은 1인이 적용된다.	10%
소아(CHILD)	MISS(여) MSTR(남)	만 2세 이상~12세 미만	75%
성인(ADULT)	MS(여) MR(남)	만 12세 이상	100%

④ 유아는 단독으로 탑승할 수 없으므로 유아의 성명은 성인보호자의 성명 뒤에 붙여 함께 입력한다.

⑤ 유아와 소아는 성명을 작성할 때 생년월일도 함께 입력한다. 유아나 소아는 나이를 기준으로 할인이 적용되므로 예약할 때 생년월일을 입력하여 항공권에 생년월일이 기재되도록 해야 한다.

⑥ 요청한 좌석의 수와 입력한 성명의 수가 일치해야 한다. 단, 유아는 보호자의 좌석을 함께 사용하므로 유아가 포함되어 있는 경우 요청하는 좌석의 수를 1개 줄여 요청해야 한다.

1. 성인 성명 작성

NM1 LEE/YOONJI MS

기본지시어 + 성/이름 + 타이틀(MR/MS)

Entry 화면 - LEE YOONJIMS (1) - 23AUG - SIN [1]

```
>  NM1LEE/YOONJIMS

                         ***  NHP  ***
RP/SELK1394Z/
  1.LEE/YOONJIMS
  2  SQ 607 Y 23AUG 7 ICNSIN DK3  0900 1420  23AUG  E  0 359 M
     SEE RTSVC
  3  SQ 602 Y 30AUG 7 SINICN DK3  1440 2215  30AUG  E  0 787 M
     SEE RTSVC
```

여정을 먼저 작성하고 성명을 규칙에 따라 입력한다.

2. 소아 성명 작성

NM1 JUNG/LANIE MISS (CHD/25SEP15)

기본지시어 + 성/이름 + 타이틀(MISS/MSTR) + (CHD/일월년도)

Entry 화면 - LEE YOONJIMS (2) - 23AUG - SIN [1]

```
>  NM1JUNG/LANIEMISS(CHD/25SEP15)

                         ***  NHP  ***
RP/SELK1394Z/
  1.LEE/YOONJIMS   2.JUNG/LANIEMISS(CHD/25SEP15)
  3  SQ 607 Y 23AUG 7 ICNSIN DK3  0900 1420  23AUG  E  0 359 M
     SEE RTSVC
  4  SQ 602 Y 30AUG 7 SINICN DK3  1440 2215  30AUG  E  0 787 M
     SEE RTSVC
```

3. 성인과 유아 성명 작성

NM1 JUNG/HANWUL MR (INF JUNG/LADOL MSTR/01MAR20)

기본지시어 + 보호자 성/이름 + MR or MS + (INF 유아 성/이름 + MSTR or MISS/일월년도)

Entry 화면 - LEE YOONJIMS (3) - 23AUG - SIN [1]

```
> NM1JUNG/HANWULMR(INFJUNG/LADOLMSTR/01MAR20)

RP/SELK1394Z/
  1.LEE/YOONJIMS   2.JUNG/LANIEMISS(CHD/25SEP15)
  3.JUNG/HANWULMR(INFJUNG/LADOLMSTR/01MAR20)
  4  SQ 607 Y 23AUG 7 ICNSIN DK3  0900 1420  23AUG  E  0 359 M
     SEE RTSVC
  5  SQ 602 Y 30AUG 7 SINICN DK3  1440 2215  30AUG  E  0 787 M
     SEE RTSVC
  6 SSR CHLD SQ HK1 25SEP15/S4/P2
  7 SSR CHLD SQ HK1 25SEP15/S5/P2
  8 SSR INFT SQ NN1 JUNG/LADOLMSTR 01MAR20/S4/P3
  9 SSR INFT SQ NN1 JUNG/LADOLMSTR 01MAR20/S5/P3
```

4 연락처 작성(CONTACT POINT)

연락처는 운항스케줄의 변경이나 기타 여러 가지 사정으로 승객과 연락해야 할 상황에 대비하기 위해 입력해야 하며, 예약작업을 하고 있는 여행사의 이름과 연락처, 작업자의 성명도 입력한다.

연락처는 성명, 여정과 함께 PNR을 작성할 때 필수 입력사항으로 필요에 따라 여러 개를 입력할 수 있으며, 승객번호를 지정하여 승객성명과 연락처가 서로 연결(Link)되게 입력할 수도 있다.

승객의 연락처 중 전화번호는 PNR을 저장할 때 예약번호를 만드는 데 사용되므로 가능한 승객의 휴대폰 번호를 가장 먼저 입력하는 것이 좋다. 예약번호에 사용되는 승객의 전화번호는 MOBILE → HOME → BUSINESS 순이다.

1. 여행사 전화번호

AP 031 - 299 - 3075 JJ TOUR - A

기본지시어 + 전화번호 + 여행사 이름 - A(여행사)

```
Entry 화면 - LEE YOONJIMS (3) - 23AUG - SIN [1]
> AP 031-299-3075 JJ TOUR-A

RP/SELK1394Z/
  1.LEE/YOONJIMS    2.JUNG/LANIEMISS(CHD/25SEP15)
  3.JUNG/HANWULMR(INFJUNG/LADOLMSTR/01MAR20)
  4  SQ 607 Y 23AUG 7 ICNSIN DK3  0900 1420  23AUG  E  0 359 M
     SEE RTSVC
  5  SQ 602 Y 30AUG 7 SINICN DK3  1440 2215  30AUG  E  0 787 M
     SEE RTSVC
  6 AP 031-299-3075 JJ TOUR-A
  7 SSR CHLD SQ HK1 25SEP15/S4/P2
  8 SSR CHLD SQ HK1 25SEP15/S5/P2
  9 SSR INFT SQ NN1 JUNG/LADOLMSTR 01MAR20/S4/P3
 10 SSR INFT SQ NN1 JUNG/LADOLMSTR 01MAR20/S5/P3
```

6번에 여행사 전화번호가 입력되었다.

2. 승객 휴대폰 번호

AP 010 – 3333 – 7777 – M

기본지시어 + 전화번호 – M(mobile)

Entry 화면 - LEE YOONJIMS (3) - 23AUG - SIN [1]

```
> AP 010-3333-7777-M

RP/SELK1394Z/
  1.LEE/YOONJIMS   2.JUNG/LANIEMISS(CHD/25SEP15)
  3.JUNG/HANWULMR(INFJUNG/LADOLMSTR/01MAR20)
  4  SQ 607 Y 23AUG 7 ICNSIN DK3  0900 1420  23AUG  E  0 359 M
     SEE RTSVC
  5  SQ 602 Y 30AUG 7 SINICN DK3  1440 2215  30AUG  E  0 787 M
     SEE RTSVC
  6 AP 031-299-3075 JJ TOUR-A
  7 AP 010-3333-7777-M
```

7번에 승객의 휴대폰 번호가 입력되었다.

특정 승객의 전화번호를 입력하는 경우 다음과 같이 승객번호를 지정한다.

AP 010 – 5555 – 8888 – M/P3

기본지시어 + 전화번호 – M(mobile) /P3(3번승객)

Entry 화면 - LEE YOONJIMS (3) - 23AUG - SIN [1]

```
> AP 010-5555-8888-M/P3

RP/SELK1394Z/
  1.LEE/YOONJIMS   2.JUNG/LANIEMISS(CHD/25SEP15)
  3.JUNG/HANWULMR(INFJUNG/LADOLMSTR/01MAR20)
  4  SQ 607 Y 23AUG 7 ICNSIN DK3  0900 1420  23AUG  E  0 359 M
     SEE RTSVC
  5  SQ 602 Y 30AUG 7 SINICN DK3  1440 2215  30AUG  E  0 787 M
     SEE RTSVC
  6 AP 031-299-3075 JJ TOUR-A
  7 AP 010-3333-7777-M
  8 AP 010-5555-8888-M/P3
```

3. 집 전화번호

AP 02 – 888 – 9999 – H

기본지시어 + 전화번호 – H(home)

Entry 화면 - LEE YOONJIMS (3) - 23AUG - SIN [1]

```
> AP 02-888-9999-H

RP/SELK1394Z/
  1.LEE/YOONJIMS   2.JUNG/LANIEMISS(CHD/25SEP15)
  3.JUNG/HANWULMR(INFJUNG/LADOLMSTR/01MAR20)
  4  SQ 607 Y 23AUG 7 ICNSIN DK3  0900 1420  23AUG  E  0 359 M
     SEE RTSVC
  5  SQ 602 Y 30AUG 7 SININC DK3  1440 2215  30AUG  E  0 787 M
     SEE RTSVC
  6 AP 031-299-3075 JJ TOUR-A
  7 AP 010-3333-7777-M
  8 AP 010-5555-8888-M/P3
  9 AP 02-888-9999-H
```

4. 사무실 전화번호

AP 02 – 777 – 5555 – B

기본지시어 + 전화번호 – B(business)

Entry 화면 - LEE YOONJIMS (3) - 23AUG - SIN [1]

```
> AP 02-777-5555-B

RP/SELK1394Z/
  1.LEE/YOONJIMS   2.JUNG/LANIEMISS(CHD/25SEP15)
  3.JUNG/HANWULMR(INFJUNG/LADOLMSTR/01MAR20)
  4  SQ 607 Y 23AUG 7 ICNSIN DK3  0900 1420  23AUG  E  0 359 M
     SEE RTSVC
  5  SQ 602 Y 30AUG 7 SININC DK3  1440 2215  30AUG  E  0 787 M
     SEE RTSVC
  6 AP 031-299-3075 JJ TOUR-A
  7 AP 010-3333-7777-M
  8 AP 010-5555-8888-M/P3
  9 AP 02-888-9999-H
 10 AP 02-777-5555-B
```

5. 이메일 주소

AP AAA@JJ.CO.KR – E

기본지시어 + 메일주소 – E(email)

Entry 화면 - LEE YOONJIMS (3) - 23AUG - SIN [1]

```
> AP AAA@JJ.CO.KR-E

RP/SELK1394Z/
  1.LEE/YOONJIMS   2.JUNG/LANIEMISS(CHD/25SEP15)
  3.JUNG/HANWULMR(INFJUNG/LADOLMSTR/01MAR20)
  4  SQ 607 Y 23AUG 7 ICNSIN NN3  0900 1420  23AUG  E  0 359 M
     SEE RTSVC
  5  SQ 602 Y 30AUG 7 SINICN NN3  1440 2215  30AUG  E  0 787 M
     SEE RTSVC
  6 AP 031-299-3075 JJ TOUR-A
  7 AP 010-3333-7777-M
  8 AP 010-5555-8888-M/P3
  9 AP 02-888-9999-H
 10 AP 02-777-5555-B
 11 AP AAA@JJ.CO.KR-E
 12 SSR CHLD SQ HK1 25SEP15/S4/P2
 13 SSR CHLD SQ HK1 25SEP15/S5/P2
 14 SSR INFT SQ NN1 JUNG/LADOLMSTR 01MAR20/S4/P3
 15 SSR INFT SQ NN1 JUNG/LADOLMSTR 01MAR20/S5/P3
```

11번에 이메일 주소가 입력되었다.

5 항공권 발권 예정일(TICKET ARRANGEMENT)

항공권은 운임을 결제한 후 발권을 해야 사용할 수 있다. 발권 예정일은 항공권을 구매하겠다는 의사를 표현하는 것으로 발권 예정일이 지날 경우 예약이 취소되는 경우도 있다.

항공권 발권 예정일은 예약에 필요한 내용을 모두 입력한 후 저장할 때 자동으로 생성되므로 입력하지 않아도 되지만 별도의 사정이 있는 경우 따로 입력한다.

1. 즉시 발권

예약 당일 바로 발권예정이거나 TICKET NUMBER가 있는 경우 입력하며 QUEUE는 전송되지 않는다.

TKOK

Entry 화면 - LEE YOONJIMS (3) - 23AUG - SIN [1]

```
> TKOK

RP/SELK1394Z/
  1.LEE/YOONJIMS    2.JUNG/LANIEMISS(CHD/25SEP15)
  3.JUNG/HANWULMR(INFJUNG/LADOLMSTR/01MAR20)
  4  SQ 607 Y 23AUG 7 ICNSIN NN3  0900 1420  23AUG  E  0 359 M
     SEE RTSVC
  5  SQ 602 Y 30AUG 7 SINICN NN3  1440 2215  30AUG  E  0 787 M
     SEE RTSVC
  6 AP 031-299-3075 JJ TOUR-A
  7 AP 010-3333-7777-M
  8 AP 010-5555-8888-M/P3
  9 AP 02-888-9999-H
 10 AP 02-777-5555-B
 11 AP AAA@JJ.CO.KR-E
 12 TK OK04MAR/SELK1394Z
```

12번에 발권예정일이 입력되었다.

2. 여행사 자체 발권 시한

여행사에서 자체적으로 발권 시한을 정하는 경우 특정 날짜와 시간을 지정한다. 항공사 발권시한이 아니므로 발권시한이 지나도 예약취소는 되지 않고 8번 QUEUE로 자동 전송된다. 발권이 된 후에는 자동으로 TKOK로 변경된다.

TKTL 25MAR/1500

Entry 화면 - LEE YOONJIMS (3) - 23AUG - SIN [1]

```
> TKTL25MAR/1500

RP/SELK1394Z/
  1.LEE/YOONJIMS   2.JUNG/LANIEMISS(CHD/25SEP15)
  3.JUNG/HANWULMR(INFJUNG/LADOLMSTR/01MAR20)
  4  SQ 607 Y 23AUG 7 ICNSIN NN3  0900 1420  23AUG  E  0 359 M
     SEE RTSVC
  5  SQ 602 Y 30AUG 7 SINICN NN3  1440 2215  30AUG  E  0 787 M
     SEE RTSVC
  6 AP 031-299-3075 JJ TOUR-A
  7 AP 010-3333-7777-M
  8 AP 010-5555-8888-M/P3
  9 AP 02-888-9999-H
 10 AP 02-777-5555-B
 11 AP AAA@JJ.CO.KR-E
 12 TK TL25MAR/1500/SELK1394Z
 13 SSR CHLD SQ HK1 25SEP15/S4/P2
 14 SSR CHLD SQ HK1 25SEP15/S5/P2
 15 SSR INFT SQ NN1 JUNG/LADOLMSTR 01MAR20/S4/P3
 16 SSR INFT SQ NN1 JUNG/LADOLMSTR 01MAR20/S5/P3
```

3. 발권 권고시한

TKXL 30MAR/1200

발권 권고시한까지 발권이 되지 않을 경우 예약이 자동으로 취소된다. 12번 QUEUE로 자동전송되며 발권 이후에는 TKOK로 변경된다.

Entry 화면 - LEE YOONJIMS (3) - 23AUG - SIN [1]

```
> TKXL30MAR/1200

RP/SELK1394Z/
  1.LEE/YOONJIMS   2.JUNG/LANIEMISS(CHD/25SEP15)
  3.JUNG/HANWULMR(INFJUNG/LADOLMSTR/01MAR20)
  4  SQ 607 Y 23AUG 7 ICNSIN NN3  0900 1420  23AUG  E  0 359 M
     SEE RTSVC
  5  SQ 602 Y 30AUG 7 SINICN NN3  1440 2215  30AUG  E  0 787 M
     SEE RTSVC
  6 AP 031-299-3075 JJ TOUR-A
  7 AP 010-3333-7777-M
  8 AP 010-5555-8888-M/P3
  9 AP 02-888-9999-H
 10 AP 02-777-5555-B
 11 AP AAA@JJ.CO.KR-E
 12 TK XL30MAR/1200/SELK1394Z
 13 SSR CHLD SQ HK1 25SEP15/S4/P2
 14 SSR CHLD SQ HK1 25SEP15/S5/P2
 15 SSR INFT SQ NN1 JUNG/LADOLMSTR 01MAR20/S4/P3
 16 SSR INFT SQ NN1 JUNG/LADOLMSTR 01MAR20/S5/P3
```

6 PNR 저장

완성된 PNR에 이상이 없을 경우 저장하는 명령어를 입력하면 TOPAS SELLCONNECT 서버에 PNR이 저장되고 예약번호(PNR ADDRESS)가 지정된다. PNR이 저장되는 것을 "End Of Transaction"이라 하며 예약번호가 나오면 같은 Office ID를 사용하는 직원은 누구나 해당 예약을 볼 수 있다.

ER

Entry 화면 - LEE YOONJIMS (3) - 23AUG - SIN - 2299-3075

```
> ER

RESERVATION NUMBER BASED ON PHONE:2299-3075
*TRN*
```

예약번호는 승객 전화번호를 기반으로 만들어진다.

```
> ER

--- RLR ---
RP/SELK1394Z/SELK1394Z          AA/SU    4MAR20/0608Z    W7KJP5
2299-3075
  1.LEE/YOONJIMS   2.JUNG/LANIEMISS(CHD/25SEP15)
  3.JUNG/HANWULMR(INFJUNG/LADOLMSTR/01MAR20)
  4  SQ 607 Y 23AUG 7 ICNSIN HK3  0900 1420  23AUG  E  SQ/W7KJP5
  5  SQ 602 Y 30AUG 7 SINICN HK3  1440 2215  30AUG  E  SQ/W7KJP5
  6 AP 031-299-3075 JJ TOUR-A
  7 AP 010-3333-7777-M
  8 AP 010-5555-8888-M/P3
  9 AP 02-888-9999-H
 10 AP 02-777-5555-B
 11 AP AAA@JJ.CO.KR-E
 12 TK OK04MAR/SELK1394Z
 13 SSR CHLD SQ HK1 25SEP15/S4/P2
 14 SSR CHLD SQ HK1 25SEP15/S5/P2
 15 SSR INFT SQ HN1 JUNG/LADOLMSTR 01MAR20/S4/P3
 16 SSR INFT SQ HN1 JUNG/LADOLMSTR 01MAR20/S5/P3
```

(2299-3075: 예약번호, W7KJP5: 예약번호)

ER은 저장한 후 저장된 PNR을 정리하여 RETRIEVE(재조회)해 주는 명령어이다. 예약번호는 "W7KJP5"의 문자+숫자형과 "2299-3075"의 전화번호형 2가지가 있다. 나중에 예약된 PNR을 조회해 보고자 할 때 TOPAS SELLCONNECT에서는 어떤 형태의 예약번호로 조회하더라도 조회가 되지만, 다른 CRS에서는 문자+숫자형의 예약번호로 조회해야 볼 수 있다.

ET

Entry 화면 - LEE YOONJIMS (3) - 23AUG - SIN - 2299-3075

```
>  ET

WARNING: CHECK OSI/SSR STATUS CODE
*TRN*

>  ET

END OF TRANSACTION COMPLETE - W7KJP5 - KE/2299-3075
*TRN*
```

ET는 저장이 성공하였다(COMPLETE)는 메시지와 함께 2가지의 예약번호만 보여주고 예약된 PNR을 RETRIEVE 하지 않는다.

만약 저장이 되지 않는다면 PNR 작성과정에서 잘못된 부분이 있었다는 것이며 ERROR RESPONSE가 나타나므로 ERROR를 해결해야 저장할 수 있다. 예약과정 중 나타날 수 있는 ERROR RESPONSE와 해결방법은 다음과 같다.

ERROR RESPONSE	설명
CHECK SEGMENT CONTINUITY - SEGMENT	여정의 연속성이 맞지 않음 → SI ARNK
CHECK OSI/SSR STATUS CODE	OSI/SSR이 최종상태코드로 되어 있지 않음 → ERK 또는 ETK
NEED CHILD/INFANT MEAL	소아식이나 유아식을 신청하지 않음 → SR BBML 또는 SR CHML
NEE PASSENGER/SEGMENT SSSO	승객수와 요청한 좌석수가 일치하지 않음 → 성명을 입력 또는 좌석수 줄임
NEED TICKETING ARRANGEMENT FOR SEGMENT	예약변경 시 Ticket Arrangement가 입력되지 않음 → TKOK 또는 TKTL
NEED TELEPHONE	전화번호가 입력되어 있지 않음 → AP
RESTRICTED/NEED GROUP FARE	GROUP FARE를 입력하지 않음 → SR GRPF
SECURE PLT PASSENGER DATA REQUIRED FOR TICKETING PAX	APIS를 입력하지 않음 → APIS 입력

7 PNR ADDRESS(예약번호) 변경

예약번호를 CRS가 자동으로 지정한 번호가 아닌 다른 번호로 변경하고자 하는 경우에는 원하는 번호를 입력한다.

RSVN/1234 - 5678

RSVN/원하는 예약번호

Entry 화면 1

```
> RSVN/1234-5678

WARNING-DUPLICATED/RECOMMENDED RESERVATION NUMBER:1234-5733
--- RLR ---
RP/SELK1394Z/SELK1394Z          RS/SU  30SEP16/1000Z   5SCH6Z
1234-5733
```

1234 - 5678이라는 예약번호가 이미 사용되고 있어 경고(WARNING)가 나오고 다른 예약번호(1234 - 5933)를 추천하였으며 추천한 번호로 예약번호가 변경되었다. 이미 사용되지 않고 있는 번호를 입력하면 해당 번호로 예약번호가 바로 변경된다.

역량평가 예상문제 /

1. 다음 중 PNR 필수입력항목이 아닌 것은?
   ① 전화번호 ② 서비스 사항 ③ 성명 ④ 여정 ⑤ 발권시한

2. 1번 스케줄, BOOKING CLASS K, 2자리를 예약하는 ENTRY는?
   ① SSK12 ② SS1K2 ③ SS2K1 ④ SS12K

3. 성인여성 PARK/SUNMI 승객이 생년월일이 2020년 11월 27일인 남자유아 DO/HAJIN 승객과 함께 예약할 때 성명을 입력하는 ENTRY는?

4. 2015년 10월 24일생인 추사랑 여자 어린이의 성명을 입력하는 ENTRY는?

5. 승객의 연락처 010-5555-7777을 입력하는 ENTRY는?

6. SEL-TYO, OSA-SEL 여행할 때 여정을 연속성을 맞추기 위해 입력해야 할 ENTRY는?

7. 밴쿠버(VANCOUVER) - 서울 구간에 OPEN 예약을 하는 ENTRY는?

8. 다음 조건으로 예약을 완성하고 예약번호를 쓰시오.

일정 : 9월 12일 서울(SEL) - 방콕(BKK) 타이항공(TG)
9월 20일 싱가폴(SIN) - 서울(SEL) 싱가포르항공(SQ)

승객명 : CHOI/EUGENE(성인남자) LEE/JUNGEUN(성인여자)
KIM/HEESUNG(소아남자, 2016년 8월 27일생)
KOH/AESHIN(소아여자, 2020년 5월 15일생)

연락처 : 010 - 7787 - 8520

■ 항공용어

- Embargo : 항공사가 특정 구간에 특정 여객 및 화물에 대해 일정기간 동안 운송을 제한 또는 거절하는 경우를 말한다.
- Embarkation Tax : 외국으로 나갈 때 지불하는 출국세를 말한다.
- Embarkation/Disembarkation : 출입국 기록 카드, 일명 ED CARD.
- Endorsement : 항공사간에 항공권의 권리를 양도하기 위한 것으로서 항공권의 지정된 탑승구간을 다른 항공사로 옮기는 것
- Excess Baggage Charge : 초과 수하물운송을 위한 요금
- Excursion Fare : 특별할인 왕복요금. 어느 특정 구간에만 적용되는 요금으로 통상요금보다 약간 적은 요금으로 산정되어 있으며, 여러 가지 제약도 있으며, 유효기간도 최장, 최단의 단서가 붙어 있다.
- Expired Ticket : 항공권의 정해진 유효기간을 넘긴 항공권을 말한다.
- Extension : 연장
- Extra section : 정기편 이외의 부정기편
- FIT(Foreign Independent Tour) : 여행사의 여행상품 이용 시 인솔자가 동행하지 않는 개별관광객을 말한다. 단체관광의 반대이다.
- FOC : Free of Charge Ticket를 말하며 항공사에서 제공되는 무료 항공권
- Fragile : 공항에서 수하물 탁송 시 깨지기 쉬운 수화물에 붙이는 꼬리표
- Free and Reduced Fare Transportation : 자사 및 타사 직원, 연간 무료우대 pass소지자, 대리점 등에 제공되는 무료 및 할인요금에 의한 운송
- Free Baggage Allowance : 무료수하물 허용량
- Free Sale Agreement : 타 항공사의 좌석상황에 관한 정보의 교환없이 사전 약정된 조건에만 부합되면 관광객에게 해당 항공에 대한 좌석예약을 즉석에서 해 줄 수 있도록 항공사 간 체결된 상호협력

1-2 선택사항 처리

학습목표	항공예약에서 고객이 요구하는 서비스, 항공사 전달사항, 출입국 과정에서 필요한 정보를 처리할 수 있다.

필요지식 /

1 서비스 사항 처리

1. 서비스 사항 종류

(1) SSR(Special Service Request)

승객의 서비스 요청사항 중 항공사에 전달되어 항공사가 준비를 해야 하는 것으로 PNR에 항공사의 준비에 대한 응답을 표시되는 내용이다.

예) 승객은 당뇨식을 요청

승객은 다리가 불편하여 공항에서 휠체어 서비스 요청

승객은 9세이며 혼자 탑승

(2) OSI(Other Service Information)

승객에 관련된 정보를 항공사에 전달하기만 하면 되고 준비 여부에 대해 항공사로부터 응답을 받지 않아도 되는 내용이다.

예) 승객은 국가대표 축구선수

승객은 ㅇㅇ그룹의 CEO

2. 서비스 사항 키워드

IATA에서는 승객이 요청하는 서비스 사항을 정해진 키워드로 만들어 입력하도록 하고 있다. 서비스 사항 KEYWORD는 다음의 명령어로 조회해 볼 수 있다.

```
HE SSR
```

MD

MD

Entry 화면 - LEE YOONJIMS (3) - 23AUG - SIN - 2299-3075

```
> MD

                    SSR 1                  EN  18SEP18 0918Z

 RELATED TOPICS
 --------------
 CHARGEABLE SPECIAL SERVICE REQUESTS (ANCILLARY SERVICES)  MS232
 ELECTRONIC MISCELLANEOUS DOCUMENTS (EMD) INDEX PAGE      HE EMD
 SSR EXPLOSION AT INPUT TIME                               MS295
 SEGMENT ASSOCIATION OF EXPLODABLE SSRS                    MS379
 AUTOMATICALLY CREATED SSR ELEMENTS                        MS400
 ENTERING FREE-FLOW TEXT IN AN SSR                         MS421
 ENTERING EMAIL ADDRESS IN AN SSR (CTCE)                   MS505
 LIST OF SSR CODES WITH EXPLANATIONS                       GPSR4
 SEGMENT ASSOCIATION OF MANUALLY CREATED FF ELEMENTS       MS652
 DISPLAY OF PRIORITY CODES AND TIER LEVEL INFORMATION      MS652
 MEAL CODES                                          HE MEAL CODES
 SSR FOR APIS TRAVEL DOCUMENTS (INCLUDING PASSPORTS)     HE APIS
 SSR FOR CABIN BAGGAGE                                     GPSR2
 SSR FOR CORPORATE RECOGNITION                             GPSR2
 SSR FOR CRUISE                                            GPSR2
 SSR FOR ELECTRONIC PAYMENT FOR TICKETLESS CARRIERS      HE EPAY
```

GPSR4

MD

```
                    SSR CODES            EN  20FEB20 1023Z

AVAILABLE SSR CODES
-------------------
* ACKI  AUTOMATED CHECK-IN
/ ADTK  ADVISE IF TICKETED (PNR WILL BE PLACED IN QUEUE 1,
        CATEGORY 6 OF THE RESPONSIBLE OFFICE)
  ADST  ADDITIONAL SEAT INFORMATION
* AVIH  ANIMAL IN HOLD, SPECIFY NUMBER, TYPE AND PEDIGREE,
        AND CONTAINER WEIGHT AND DIMENSIONS
  AVML  VEGETARIAN HINDU MEAL
  BBML  BABY MEAL
  BIKE  BICYCLE IN HOLD, SPECIFY NUMBER (SEE BELOW)
  BLML  BLAND MEAL
  BLND  BLIND, SPECIFY WHETHER OR NOT ACCOMPANIED BY GUIDE DOG
  BSCT  BASSINET/CARRYCOT/BABY BASKET
* BULK  BULKY BAGGAGE, SPECIFY NUMBER, WEIGHT AND DIMENSIONS
* CBBG  CABIN BAGGAGE REQUIRING SEAT(S), SPECIFY NUMBER,
        WEIGHT, AND SIZE
  CHLD  CHILD
  CHML CHILD MEAL
* CHNL SALES CHANEL INFORMATION
* CKIN  INFORMATION FOR AIRPORT PERSONNEL
  CLID  CORPORATE CLIENT CODE USED BY ALL GDSS
  COUR  COMMERCIAL COURIER, SPECIFY WEIGHT AND COURIER COMPANY
  CRUZ  CRUISE PASSENGER
  CTCE  PASSENGER CONTACT INFORMATION EMAIL ADDRESS (SEE ABOVE)
  CTCM  PASSENGER CONTACT INFORMATION MOBILE PHONE NUMBER
  CTCR  PASSENGER CONTACT INFORMATION REFUSED
```

```
  DBML  DIABETIC MEAL
  DEAF  DEAF, SPECIFY IF ACCOMPANIED BY A GUIDE DOG
  DEPA  DEPORTEE, ACCOMPANIED BY AN ESCORT
  DEPU  DEPORTEE, UNACCOMPANIED
  DOCA  APIS ADDRESS DETAILS
  DOCO  APIS VISA
  DOCS  APIS PASSPORT OR IDENTITY CARD
* DPNA  DISABLED PASSENGER WITH INTELLECTUAL OR DEVELOPMENT
        DISABILITY NEEDING ASSISTANCE
  EPAY  ELECTRONIC PAYMENT FOR TICKETLESS CARRIERS
* ESAN  PASSENGER WITH EMOTIONAL SUPPORT/PSYCHIATRIC
        ASSISTANCE ANIMAL IN CABIN
* EXST  EXTRA SEAT
* FOID  FORM OF ID
  FPML  FRUIT PLATTER MEAL
  FQTR  FREQUENT FLYER MILEAGE PROGRAM REDEMPTION
  FQTS  FREQUENT FLYER SERVICE REQUEST
  FQTU  FREQUENT FLYER UPGRADE AND ACCRUAL
  FQTV  FREQUENT FLYER MILEAGE PROGRAM ACCRUAL
* FRAG  FRAGILE BAGGAGE, SPECIFY NUMBER, WEIGHT, AND DIMENSION
  FRAV  FIRST AVAILABLE
  GFML  GLUTEN INTOLERANT MEAL
  GPST  GROUP SEAT REQUEST, SPECIFY NUMBER AND PREFERRED
        LOCATION
* GRPF  GROUP FARE, SPECIFY FARE CODE
  GRPS  PSGRS TRAVELING TOGETHER USING A COMMON IDENTITY
* GSMC  GOVERNMENT SPONSORED MOVEMENT CHILD
* GSME  GOVERNMENT SPONSORED MOVEMENT ESCORT
* GSTN  GOODS AND SERVICES TAX NUMBER
* GSTA  GOODS AND SERVICES TAX BUSINESS ADDRESS
```

*	GSTE	GOODS AND SERVICES TAX BUSINESS E-MAIL
*	GSTP	GOODS AND SERVICES TAX BUSINESS PHONE NUMBER(S)
	HNML	HINDU MEAL
*	HRIC	HUMAN REMAIN AS CABIN BAGGAGE
	INAD	INADMISSIBLE PASSENGER
*	INFT	INFANT, SPECIFY NAME AND DATE OF BIRTH
	JPML	JAPANESE MEAL (LH SPECIFIC - NEED AIRLINE ASSOCIATION)
	KSML	KOSHER MEAL
*	LANG	LANGUAGES SPOKEN
	LCML	LOW CALORIE MEAL
	LFML	LOW FAT MEAL
	LSML	LOW SALT MEAL
*	MAAS	MEET AND ASSIST, SPECIFY DETAILS SUCH AS ELDERLY PERSON, HANDICAPPED PASSENGER, OR PREGNANT LADY
	MEDA	MEDICAL CASE. CAN BE USED FOR DISABLED PASSENGERS NEEDING SPECIAL ATTENTION. FOLLOW IATA MEDA PROCEDURES
	MOML	MUSLIM MEAL
/	NAME	NAME - WHEN AIRLINE HOLDS RESERVATION UNDER A DIFFERENT NAME
	NFML	NO FISH MEAL (LH SPECIFIC - NEED AIRLINE ASSOCIATION)
	NLML	LOW LACTOSE MEAL
	NSSA	NO-SMOKING AISLE SEAT
	NSSB	NO-SMOKING BULKHEAD SEAT
	NSST	NO-SMOKING SEAT (SEAT NUMBER MAY BE INCLUDED)
	NSSW	NO-SMOKING WINDOW SEAT
*	OTHS	OTHER SERVICE NOT SPECIFIED BY ANY OTHER SSR CODE
*	PCTC	EMERGENCY CONTACT DETAILS FOR PASSENGER
*	PETC	ANIMAL IN CABIN, SPECIFY NUMBER, TYPE AND PEDIGREE, AND CONTAINER WEIGHT AND DIMENSION
	PICA	PASSENGER IN CUSTODY, ACCOMPANIED
	PICU	PASSENGER IN CUSTODY, UNACCOMPANIED

*	RFTV	REASON FOR TRAVEL, SPECIFY REASON	
*	RQST	SEAT REQUEST-INCLUDE SEAT NUMBER OR PREFERENCE	
	RVML	RAW VEGETARIAN MEAL	
*	SEAT	PRE-RESERVED SEAT WITH BOARDING PASS ISSUED OR TO BE ISSUED	
*	SEMN	SEAMAN - SHIP'S CREW	
	SFML	SEA FOOD MEAL	
	SLPR	BED/BERTH IN CABIN	
	SMSA	SMOKING AISLE SEAT	
	SMSB	SMOKING BULKHEAD SEAT	
	SMST	SMOKING SEAT (SPECIFIC SEAT NUMBER MAY BE INCLUDED)	
	SMSW	SMOKING WINDOW SEAT	
*	SPEQ	SPORTS EQUIPMENT	
*	SPML	SPECIAL MEAL, SPECIFY FOOD ITEMS	
	STCR	STRETCHER PASSENGER	
*	SVAN	PAX WITH SERVICE ANIMAL IN CABIN	
/	TKNA	TICKET NUMBER IN FA ELEMENT	(AUTOMATICALLY
/	TKNC	TICKET NUMBER TRANSMISSION	SENT TO
/	TKNE	E-TICKET NUMBER IN FA ELEMENT	THE AIRLINE)
/	TKNM	TICKET NUMBER IN FH ELEMENT	
	TKTL	TICKETING TIME LIMIT (AUTOMATICALLY GENERATED)	
	TWOV	TRANSIT OR TRANSFER WITHOUT VISA	
*	UMNR	UNACCOMPANIED MINOR, SPECIFY AGE	
	VGML	VEGETARIAN VEGAN MEAL	
	VJML	VEGETARIAN JAIN MEAL	
	VLML	VEGETARIAN LACTO-OVO MEAL	
	VOML	VEGETARIAN ORIENTAL MEAL	
	WCBD	WHEELCHAIR - DRY CELL BATTERY	
	WCBW	WHEELCHAIR - WET CELL BATTERY	
	WCHC	WHEELCHAIR - ALL THE WAY TO SEAT	
	WCHR	WHEELCHAIR - FOR RAMP	
	WCHS	WHEELCHAIR - UP AND DOWN STEPS	
	WCMP	WHEELCHAIR - MANUAL POWER	
	WCOB	WHEELCHAIR - ON BOARD	
*	XBAG	EXCESS BAGGAGE, SPECIFY NUMBER, WEIGHT AND DIMENSION	

3. 서비스 요청

(1) 전체 여정 / 전체 승객 요청(SSR 사항)

SR SFML

기본지시어 + 해산물식 키워드

```
Entry 화면 1

>  SR SFML

RP/SELK1394Z/
  1.YOO/SIJINMR    2.KANG/MOYEONMS
  3  KE 627 M 22MAR 3 ICNCGK DK2  1535 2040  22MAR  E  0 77W MR
     SEE RTSVC
  4  KE 626 M 30MAR 4 CGKICN DK2  0815 1735  30MAR  E  0 332 BR
     SEE RTSVC
  5 AP 031-350-2394 SSC TOUR-A
  6 AP 010-3333-6666-M/P1
  7 SSR SFML KE HK2/S3/P1-2
  8 SSR SFML KE HK2/S4/P1-2
```

PNR에 있는 모든 승객을 대상으로 모든 여정에 해산물식이 요청되었다.

(2) 전체 여정 / 특정 승객 요청(SSR 사항)

SR SFML/P1

```
Entry 화면 1

>  SR SFML/P1

RP/SELK1394Z/
  1.YOO/SIJINMR    2.KANG/MOYEONMS
  3  KE 627 M 22MAR 3 ICNCGK DK2  1535 2040  22MAR  E  0 77W MR
     SEE RTSVC
  4  KE 626 M 30MAR 4 CGKICN DK2  0815 1735  30MAR  E  0 332 BR
     SEE RTSVC
  5 AP 031-350-2394 SSC TOUR-A
  6 AP 010-3333-6666-M/P1
  7 SSR SFML KE HK1/S3/P1
  8 SSR SFML KE HK1/S4/P1
```

PNR에 있는 승객 중 1번 승객에게만 모든 여정에 해산물식이 요청되었다.

(3) 특정 구간 / 특정 승객 요청(SSR 사항)

SR SFML/ S3/ P2

Entry 화면 1

```
>  SR SFML/S3/P2

RP/SELK1394Z/
  1.YOO/SIJINMR    2.KANG/MOYEONMS
  3  KE 627 M 22MAR 3 ICNCGK DK2  1535 2040   22MAR  E  0 77W MR
     SEE RTSVC
  4  KE 626 M 30MAR 4 CGKICN DK2  0815 1735   30MAR  E  0 332 BR
     SEE RTSVC
  5 AP 031-350-2394 SSC TOUR-A
  6 AP 010-3333-6666-M/P1
  7 SSR SFML KE HK1/S3/P2
```

2번 승객(KANG/MOYEON)만 3번 여정 ICN - CGK 구간에 해산물식이 요청되었다.

(4) 전체여정 / 유아식 신청(SSR 사항)

SR BBML/P2

Entry 화면 1

```
>  SR BBML/P2

RP/SELK1394Z/
  1.YOO/SIJINMR    2.KANG/MOYEONMS(INFYOO/AGIMSTR/27AUG16)
  3.YOO/SOAHMISS(CHD/15SEP10)
  4  KE 613 K 22MAR 3 ICNHKG DK3  1100 1405   22MAR  E  0 772 L
     SEE RTSVC
  5  KE 604 K 30MAR 4 HKGICN DK3  1205 1645   30MAR  E  0 772 L
     SEE RTSVC
  6 AP 031-350-2394 SSC TOUR-A
  7 AP 010-3333-6666-M/P1
  8 SSR INFT KE HK1 YOO/AGIMSTR 27AUG16/S4/P2
  9 SSR INFT KE HK1 YOO/AGIMSTR 27AUG16/S5/P2
 10 SSR CHLD KE HK1 15SEP10/P3
 11 SSR BBML KE HK1/S4/P2
 12 SSR BBML KE HK1/S5/P2
```

모든 여정에 대하여 유아의 보호자 번호(P2)를 지정하여 유아식이 신청되었다.

(5) 전체 여정 / 소아식 신청(SSR 사항)

SR CHML - PIZZA/P3

Entry 화면 1

```
> SR CHML-PIZZA/P3

RP/SELK1394Z/
  1.YOO/SIJINMR    2.KANG/MOYEONMS(INFYOO/AGIMSTR/27AUG16)
  3.YOO/SOAHMISS(CHD/15SEP10)
  4  KE 613 K 22MAR 3 ICNHKG DK3  1100 1405  22MAR  E  0 772 L
     SEE RTSVC
  5  KE 604 K 30MAR 4 HKGICN DK3  1205 1645  30MAR  E  0 772 L
     SEE RTSVC
  6 AP 031-350-2394 SSC TOUR-A
  7 AP 010-3333-6666-M/P1
  8 SSR INFT KE HK1 YOO/AGIMSTR 27AUG16/S4/P2
  9 SSR INFT KE HK1 YOO/AGIMSTR 27AUG16/S5/P2
 10 SSR CHLD KE HK1 15SEP10/P3
 11 SSR BBML KE HK1/S4/P2
 12 SSR BBML KE HK1/S5/P2
 13 SSR CHML KE HN1 PIZZA/S4/P3
 14 SSR CHML KE HN1 PIZZA/S5/P3
```

모든 여정에 대하여 소아의 번호(P3)를 지정하여 소아식이 신청되었다. 대한항공은 소아식에 대하여 HAMBURGER(햄버거), SPAGHETTI(스파게티), FRIED RICE/EGG(오므라이스), PORK CUTLET(돈가스), PIZZA(피자), HOT DOG(핫도그), SANDWICH(샌드위치), SEAWEED ROLL(김밥) 메뉴를 신청할 수 있다.

(6) 승객정보 전달(OSI 사항)

OS KE NATIONAL SOCCER PLAYER/P1

Entry 화면 1

```
> OS KE NATIONAL SOCCER PLAYER/P1

RP/SELK1394Z/
  1.YOO/SIJINMR    2.KANG/MOYEONMS(INFYOO/AGIMSTR/27AUG16)
  3.YOO/SOAHMISS(CHD/15SEP10)
  4  KE 613 K 22MAR 3 ICNHKG DK3  1100 1405  22MAR  E  0 772 L
     SEE RTSVC
  5  KE 604 K 30MAR 4 HKGICN DK3  1205 1645  30MAR  E  0 772 L
     SEE RTSVC
  6 AP 031-350-2394 SSC TOUR-A
  7 AP 010-3333-6666-M/P1
  8 SSR INFT KE HK1 YOO/AGIMSTR 27AUG16/S4/P2
  9 SSR INFT KE HK1 YOO/AGIMSTR 27AUG16/S5/P2
 10 SSR CHLD KE HK1 15SEP10/P3
 11 SSR BBML KE HK1/S4/P2
 12 SSR BBML KE HK1/S5/P2
 13 SSR CHML KE HN1 PIZZA/S4/P3
 14 SSR CHML KE HN1 PIZZA/S5/P3
 15 OSI KE NATIONAL SOCCER PLAYER/P1
```

2 사전입국심사 정보 처리(APIS)

APIS(Advanced Passenger Information System)란 사전 입국 심사를 말하는 것으로 탑승하는 모든 승객의 여권정보(Passport Data)를 PNR에 입력하면 해당 항공사에서 목적지 국가의 출입국 심사 관련 부서에 승객의 정보를 사전에 통보하여 도착시 신속하게 입국심사가 진행되도록 하는 제도이다.

특히 미국행 항공편의 경우 여권정보와 함께 비자정보, 미국에서 체류할 주소 정보를 입력해야 하는 강화된 APIS(Enhanced Border Advance Passenger Information System: EBS APIS) 규정이 2005년 10월부터 적용되고 있다. 이는 법적으로 강제성이 부여된 의무사항이므로 이행하지 않는 승객은 탑승이 거절될 수도 있으며, 승객의 정보를 전송하지 않는 항공사에게는 벌금이 부과될 수도 있다. 탑승자가 미국시민권자, 영주권자, 외국인등록증 소지자이거나 8시간 이내에 환승하는 승객은 체류지 주소는 제출하지 않아도 된다. 따라서 예약할 때 APIS 정보를 입력하거나 발권 전에라도 입력하는 것이 좋다.

1. 여권정보 처리

SR DOCS - P - KR - M11112222 - KR - 24JUN89 - M - 22MAR26 - YOO - SIJIN/P1

기본지시어 + 여권타입코드 + 여권발행국 + 여권번호 + 국적 + 생년월일 + 성별 + 여권만료일 + 성 + 이름/ 승객번호

2. 유아 여권정보 처리

SR DOCS - P - KR - M33334444 - KR - 27AUG16 - MI - 22MAR26 - YOO - AGI

기본지시어 + 여권타입코드 + 여권발행국 + 여권번호 + 국적 + 생년월일 + 성별 + 여권만료일 + 성 + 이름

3. 체류지 주소 처리

SR DOCA KE HK1 - D - USA - 6619 PARK AVENUE - ARINGTON - VA - 22213/P1/S3

기본지시어 + 항공사 코드 + 좌석상태코드 + D + USA + 주소 + 도시명 + 주코드 + 우편번호 / 승객번호 / 구간번호

4. 비자 정보 처리

SR DOCO BA HK1 - MANCHESTER GBR - V - 17317323 - LONDON GBR - 18JUN04 - USA - I - P1/S3

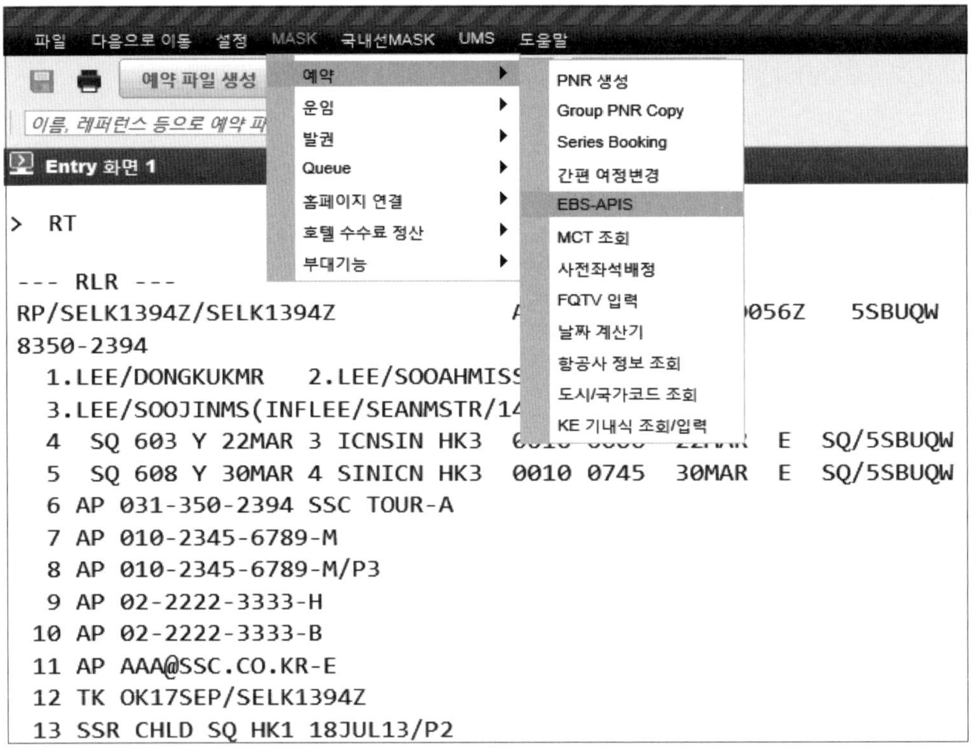
파일 다음으로 이동 설정 MASK 국내선MASK UMS 도움말
예약 파일 생성
Entry 화면 1
예약
운임
발권
Queue
홈페이지 연결
호텔 수수료 정산
부대기능
PNR 생성
Group PNR Copy
Series Booking
간편 여정변경
EBS-APIS
MCT 조회
사전좌석배정
FQTV 입력
날짜 계산기
항공사 정보 조회
도시/국가코드 조회
KE 기내식 조회/입력
> RT
--- RLR ---
RP/SELK1394Z/SELK1394Z
8350-2394
1.LEE/DONGKUKMR 2.LEE/SOOAHMISS
3.LEE/SOOJINMS(INFLEE/SEANMSTR/14
4 SQ 603 Y 22MAR 3 ICNSIN HK3 E SQ/5SBUQW
5 SQ 608 Y 30MAR 4 SINICN HK3 0010 0745 30MAR E SQ/5SBUQW
6 AP 031-350-2394 SSC TOUR-A
7 AP 010-2345-6789-M
8 AP 010-2345-6789-M/P3
9 AP 02-2222-3333-H
10 AP 02-2222-3333-B
11 AP AAA@SSC.CO.KR-E
12 TK OK17SEP/SELK1394Z
13 SSR CHLD SQ HK1 18JUL13/P2

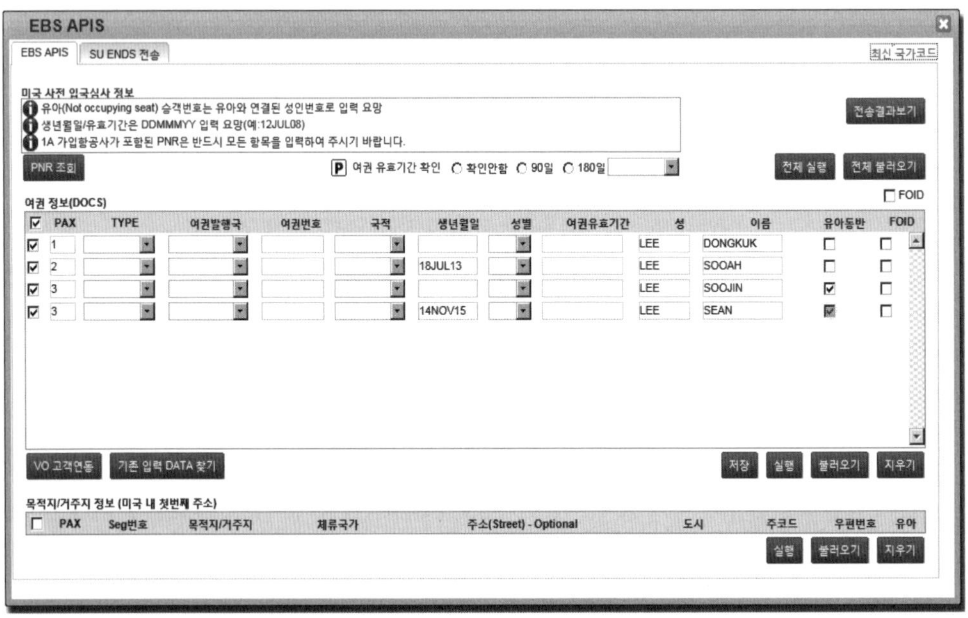
EBS APIS
EBS APIS
SU ENDS 전송
최신 국가코드
미국 사전 입국심사 정보
유아(Not occupying seat) 승객번호는 유아와 연결된 성인번호로 입력 요망
생년월일/유효기간은 DDMMMYY 입력 요망(예:12JUL08)
1A 가입항공사가 포함된 PNR은 반드시 모든 항목을 입력하여 주시기 바랍니다.
전송결과보기
PNR 조회
여권 유효기간 확인 확인안함 90일 180일
전체 실행
전체 불러오기
여권 정보(DOCS)
FOID
PAX TYPE 여권발행국 여권번호 국적 생년월일 성별 여권유효기간 성 이름 유아동반 FOID
1 LEE DONGKUK
2 18JUL13 LEE SOOAH
3 LEE SOOJIN
3 14NOV15 LEE SEAN
VO 고객연동
기존 입력 DATA 찾기
저장 실행 불러오기 지우기
목적지/거주지 정보 (미국 내 첫번째 주소)
PAX Seg번호 목적지/거주지 체류국가 주소(Street) - Optional 도시 주코드 우편번호 유아
실행 불러오기 지우기

사전입국심사 정보처리는 MASK 기능을 이용해서 입력해도 편리하다. 작업할 PNR을 조회한 상태에서 MASK – 예약 – EBS APIS를 선택하면 PNR에 입력된 내용이 자동으로 채워진 EBS APIS 창이 나오면 여권정보를 입력하고 실행버튼을 누른다. 미국의 경우 미국 내 첫 번째 주소 정보도 입력하고 윗부분의 전체실행버튼을 누르면 PNR에 APIS 정보가 생성되면서 알림창이 나온다.

PNR의 아랫부분에 SSR로 APIS 정보가 입력된 것을 확인할 수 있다.

APIS 정보가 입력되지 않은 승객이 있는지 확인하여 MISSING LIST에 나오면 아직 APIS 정보가 입력되지 않은 것이다. 모든 승객의 APIS 정보가 입력되었다면 "ALL ITEM EXIST"라는 응답이 나온다.

RT DOCS

Entry 화면 1

```
> RT DOCS

RP/SELK1394Z/SELK1394Z            AA/SU   18SEP16/1134Z    5SCH6Z
0350-2394
 * SSR DOCS MISSING LIST FOR PASSENGERS: *

  1.YOO/SIJINMR
  4  KE 613 K 22MAR 3 ICNHKG HK3  1100 1405  22MAR  E  KE/5SCH6Z
  5  KE 604 K 30MAR 4 HKGICN HK3  1205 1645  30MAR  E  KE/5SCH6Z

  2.KANG/MOYEONMS(INFYOO/AGIMSTR/27AUG16)
  4  KE 613 K 22MAR 3 ICNHKG HK3  1100 1405  22MAR  E  KE/5SCH6Z
  5  KE 604 K 30MAR 4 HKGICN HK3  1205 1645  30MAR  E  KE/5SCH6Z

  3.YOO/SOAHMISS(CHD/15SEP10)
  4  KE 613 K 22MAR 3 ICNHKG HK3  1100 1405  22MAR  E  KE/5SCH6Z
  5  KE 604 K 30MAR 4 HKGICN HK3  1205 1645  30MAR  E  KE/5SCH6Z
```

3 예약작성자, 변경의뢰자 처리(RECEIVED FROM)

예약을 의뢰하거나 변경을 의뢰하였을 때 이에 대한 기록을 남기기 위해 RF 사항을 기록한다. 탑승일을 변경하거나 탑승 클래스 등을 변경하는 것은 여정에서 중요한 사항의 변경이므로 의뢰자에 대한 기록을 남겨 이후 문의나 이의제기에 대비한다. 보통 의뢰자의 성명을 기록하는데, 승객 본인이 의뢰하였을 경우는 "RF PAX"라고 남겨도 된다. RF 사항을 기록하면 PNR 윗부분에 RF 기록이 남는다.

RF YOO SIJIN MR

Entry 화면 1

```
> RF YOO SIJIN MR

--- RLR ---
RP/SELK1394Z/SELK1394Z            AA/SU  18SEP16/1134Z   5SCH6Z
0350-2394
RF YOO SIJIN MR
  1.YOO/SIJINMR   2.KANG/MOYEONMS(INFYOO/AGIMSTR/27AUG16)
  3.YOO/SOAHMISS(CHD/15SEP10)
  4  KE 613 K 22MAR 3 ICNHKG HK3  1100 1405  22MAR  E  KE/5SCH6Z
  5  KE 604 K 30MAR 4 HKGICN HK3  1205 1645  30MAR  E  KE/5SCH6Z
  6 AP 031-350-2394 SSC TOUR-A
  7 AP 010-3333-6666-M/P1
  8 TK OK18SEP/SELK1394Z
  9 SSR INFT KE HK1 YOO/AGIMSTR 27AUG16/S4/P2
 10 SSR INFT KE HK1 YOO/AGIMSTR 27AUG16/S5/P2
 11 SSR CHLD KE HK1 15SEP10/P3
 12 SSR BBML KE HK1/S4/P2
 13 SSR BBML KE HK1/S5/P2
 14 SSR CHML KE HN1 PIZZA/S4/P3
 15 SSR CHML KE HN1 PIZZA/S5/P3
 16 OSI KE NATIONAL SOCCER PLAYER/P1
 17 OPW SELK1394Z-30SEP:1900/1C7/KE REQUIRES TICKET ON OR BEFORE
        02OCT:1900/S4-5
 18 OPC SELK1394Z-02OCT:1900/1C8/KE CANCELLATION DUE TO NO
        TICKET/S4-5
```

4 업무연락 처리(REMARKS)

직원들 간에 업무연락을 위해서 메시지를 전달하거나 예약 재확인 또는 승객에게 필요한 정보를 전달하였을 때 기록한다. PNR에 관련된 내용을 수록하여 PNR을 처리하는 직원들이 참조할 수 있도록 한다. 저장한 후에 기록하는 RM 사항은 모두 히스토리에 기록된다.

① RM : GENERAL REMARK로 PNR 조회가 가능한 모든 여행사가 볼 수 있다.

② RC : CONFIDENTIAL REMARK를 입력한 여행사만 볼 수 있고 수정할 수 있다.

③ RX : CORPORATE REMARK를 입력한 여행사, 그리고 이 여행사와 'Amadeus Extended Ownership Agreement(EOS)'를 가진 여행사만 볼 수 있다.

```
RM PAX NEEDS A VISA /S3 /P1
```

1번 승객이 3번 여정을 여행할 때 비자가 필요하다는 의미이다.

```
RC MOBILE PHONE NUMBER 010-2222-5555 /P2
```

2번 승객의 휴대폰 번호를 입력하였다.

```
RX BOOKING FEE APPLIED
```

예약처리비를 적용해야 한다는 의미이다.

5 PNR COPY

이미 작성된 PNR의 내용을 전체 복사하거나 부분적으로 복사하여 새로운 PNR을 작성하고자 할 때 사용하는 기능이다.

RT예약번호

기존의 예약을 조회한 상태에서

RRI

여정만 COPY

Entry 화면 1

```
> RRI

-IGNORED 5SCH6Z-
RP/SELK1394Z/
  1  KE 613 K 22MAR 3 ICNHKG DK3  1100 1405  22MAR  E  0 772 L
     SEE RTSVC
  2  KE 604 K 30MAR 4 HKGICN DK3  1205 1645  30MAR  E  0 772 L
     SEE RTSVC
```

RRI/6

좌석수를 6좌석으로 변경하여 여정 COPY

RRN

여정과 연락처 COPY

Entry 화면 1

```
> RRN

-IGNORED 5SCH6Z-
RP/SELK1394Z/
  1  KE 613 K 22MAR 3 ICNHKG DK3  1100 1405  22MAR  E  0 772 L
     SEE RTSVC
  2  KE 604 K 30MAR 4 HKGICN DK3  1205 1645  30MAR  E  0 772 L
     SEE RTSVC
  3 AP 031-350-2394 SSC TOUR-A
```

RRN/CY

BOOKING CLASS를 Y로 변경하여 여정과 연락처 COPY

RRN/S7

7번 여정 COPY

RRN/S7CH

7번 여정의 BOOKING CLASS를 H로 변경하여 여정 COPY

RRN/S5D03DEC

5번 여정의 날짜를 12월 3일로 변경하여 여정 COPY

RRN/P2,4

2번과 4번 승객과 여정 COPY

RRP

이름과 연락처 COPY

Entry 화면 1

```
> RRA

-IGNORED 5SCH6Z-
RP/SELK1394Z/
  1  KE 613 K 22MAR 3 ICNHKG DK3  1100 1405  22MAR  E  0 772 L
     SEE RTSVC
  2  KE 604 K 30MAR 4 HKGICN DK3  1205 1645  30MAR  E  0 772 L
     SEE RTSVC
  3 AP 031-350-2394 SSC TOUR-A
  * RR 01OCT/AASU/SELK1394Z-5SCH6Z
```

RRA

여정과 전화번호 COPY하고 원래 PNR과 COPY PNR에 AXR RECORD가 생성된다.

Entry 화면 1

```
> RRP

-IGNORED 5SCH6Z-
RP/SELK1394Z/
  1.YOO/SIJINMR    2.KANG/MOYEONMS(INFYOO/AGIMSTR/27AUG16)
  3.YOO/SOAHMISS(CHD/15SEP10)
  4 AP 031-350-2394 SSC TOUR-A
  5 AP 010-3333-6666-M/P1
  6 SSR BBML YY NN1/P2
  7 SSR CHML YY NN1 PIZZA/P3
  8 OSI KE NATIONAL SOCCER PLAYER/P1
```

역량평가 예상문제 /

1. 가장 엄격한 기내식으로 유태교도용 기내식 키워드는?

① MOML ② KSML ③ CHML ④ HNML

2. 다음 중 유아 관련 키워드가 아닌 것은?

① BBML ② INFT ③ BLML ④ BSCT

3. 1번 승객에게만 이슬람교도용 기내식을 신청하는 ENTRY는?

4. 2번 승객이 4번 여정에만 당뇨식을 신청하는 ENTRY는?

5. 대한항공에 신라그룹 CEO가 탑승한다는 정보를 전달하는 ENTRY는?

6. 금연석 복도쪽 좌석에 해당하는 키워드는?

① NSSA ② NSSW ③ SMSW ④ SMSB

7. 사전 입국 심사를 말하는 것으로 탑승하는 모든 승객의 정보를 PNR에 입력하면 해당 항공사에서 목적지 국가의 출입국 심사 관련 부서에 승객의 정보를 사전에 통보하여 도착시 신속하게 입국심사가 진행되도록 하는 제도는?

8. 다음 조건으로 예약을 완성하고 예약번호를 쓰시오.

일정 : 10월 12일 서울(SEL) - 런던(LON) 대한항공(KE)

10월 30일 프랑크푸르트(FRA) - 서울(SEL) 루프트한자 독일항공(LH)

승객 : 김주영(성인여자) 강예서(소아여자, 2016년 8월 27일생)

이수임(성인여자) 황우주(유아남자, 2020년 5월 5일생)

연락처 : 010 - 2525 - 3636

서비스 : 전 여정 유아식, 아기바구니, 소아식

■ 항공용어

- Galley : 항공기 내의 주방
- GAP : 관광자의 관광일정 중 항공 이외의 교통수단을 이용하여 관광하는 부분, 즉 타 기점과 다음 탑승지점이 동일하지 않게 되는 경우를 뜻함. 그러나 동일 CITY 내의 타 공항을 이동하는 경우는 GAP이라 하지 않는다.
- Gateway(Gateway City) : 어느 지역에의 문호로 되어 있는 도시로서 예컨대, 미국 서해안의 문호도시는 seattle, san francisco, portland 및 los angeles 등이며 이들 도시는 요금집계상 때때로 construction point로서 사용된다.
- GMT : Greenwich Mean Time 영국 런던 교외 Greenwich를 통과하는 자오선을 기준으로, Greenwich 표준시를 0시로 하여 각 지역표준시와의 차를 시차(Time Difference)라고 한다.
- Go Show Passenger(Stand By) : 만석 혹은 요금상의 제한 등에 의하여 예약할 수 없는 관광객이 만약 여석이 생기면 탑승하려고 공항까지 와서 탑승을 기다리는 것
- GSA(General Sale Agent) : 국외에서 당사의 판매활동이 충분하지 않을 때 다른 항공회사 혹은 대리점을 당사의 총판매 대리점으로 지정하여 동 지역에 있어서의 대리점의 지도 감독이나 홍보 선전활동 혹은 당해국 정부와 교섭의 창구가 되는 경우도 있다.
- GTR(Government Transportation Request) : The United States of America Trans-potation Request의 약어. 미국 정부가 정부기관, 운항관계자의 공용여행을 요금 후입 취급으로서 교통기관에 발권을 의뢰하기 위한 요구서. 우리나라도 공무원 및 정부투자기관의 국외관광에 사용되어 있다.
- Immigration : 출입국심사
- Individual : 개별 관광객
- Inter - Line : 자기가 소속된 항공사를 제외한 타 항공사 국내선
- International Certificate of Vaccination : 흔히 Yellow Card 또는 Vaccination Card라고 부르는 콜레라, 황열병 등에 대한 국제공인 예방 접종 증명서
- Issuing Carrier : 타지권 교환발생 시에 신항공권을 발행한 발권항공사. 최초에 요금을 영수하여 항공권을 발행한 회사는 Original Issuing Carrier라고 한다.

1-3 단체예약 처리

학습목표	단체예약 업무를 처리할 수 있다.

필요지식 /

1 단체의 개념

1. 단체의 조건

단체는 성인 10명 이상이 2개의 구간 이상을 같은 날짜에 함께 여행하는 경우를 말한다. 소아는 2명을 성인 1명으로 간주한다.

단체는 1개의 PNR에 함께 예약하며 99명까지 1개의 PNR에 예약할 수 있다. 그러나 성명이 99개가 한꺼번에 입력될 경우 성명만으로도 PNR의 길이가 길어지므로 최대 32명까지 함께 처리하는 것을 권장하고 있다.

2. 단체의 유형

1. 승객명이 모두 있는 단체 : 각종 모임 등 이미 구성원이 확보된 단체
   → 실제 승객명을 입력하여 단체예약
2. 승객명이 없는 단체 : 여행사의 패키지 상품 등 구성원이 아직 없는 단체
   → 승객명 대신 단체명을 입력하여 단체예약

3. 단체의 좌석 확보

단체예약을 할 때 1A SUA(SYSTEM USER AIRLINE : AF, KE, KL, BA, AY, SA, SV, LH, CX, SQ 등)인 경우 TOPAS SELLCONNECT에서 예약할 수 있다. 다른 SYSTEM을 사용하는 항공사는 해당 항공사로 직접 요청해야 한다.

단체예약 PNR을 작성한 후 항공사로 PNR을 QUEUE를 통해 전송하여 PNR REQUEST를 해야 하며, 항공사로부터 좌석 확보에 대한 약속을 전송받아야 한다.

2 단체예약 처리

1. 여정 작성

〈출국편〉

AN22MARSELTYO/AKE

SS15G4/SG

SS + 단체인원수 + 단체 BOOKING CLASS(G) + 선택한 항공편 번호 / SG(Sell Group)

〈귀국편〉

AN30MARTYOSEL/AKE

SS15G4/SG

Entry 화면 1

```
> SS15G4/SG

RP/SELK1394Z/
  1  KE 703 G 22MAR 3 ICNNRT HN15 1010 1230  22MAR  E  0 333 M
     SEE RTSVC
  2  KE 706 G 30MAR 4 NRTICN HN15 0925 1150  30MAR  E  0 772 S
     SEE RTSVC
```

15명을 단체 BOOKING CLASS(G)로 좌석을 요청하였다.

2. 성명 작성

NG 15 JJ TOUR

Name Group + 단체인원수 + 단체명

입력할 승객의 성명이 현재 없으므로 단체명(JJ TOUR)을 만들어 입력한다.

Entry 화면 1

```
> NG15 SSC TOUR

RP/SELK1394Z/
0. 15SSC TOUR  NM: 0
  1  KE 703 G 22MAR 3 ICNNRT HN15 1010 1230  22MAR  E  0 333 M
     SEE RTSVC
  2  KE 706 G 30MAR 4 NRTICN HN15 0925 1150  30MAR  E  0 772 S
     SEE RTSVC
```

3. 연락처 작성

AP 031 - 350 - 2394 JJ TOUR - A

여행사 전화번호

AP 010 - 1234 - 5678 KIM/GUIDE MR

승객의 연락처가 현재 없으므로 상품담당자 또는 인솔자 전화번호를 입력한다.

Entry 화면 1

```
> AP010-1234-5678 KIM/GUIDE MR

RP/SELK1394Z/
0. 15SSC TOUR  NM: 0
  1  KE 703 G 22MAR 3 ICNNRT HN15 1010 1230  22MAR  E  0 333 M
     SEE RTSVC
  2  KE 706 G 30MAR 4 NRTICN HN15 0925 1150  30MAR  E  0 772 S
     SEE RTSVC
  3 AP 031-350-2394 SSC TOUR-A
  4 AP 010-1234-5678 KIM/GUIDE MR
```

4. 단체요금코드 작성

SR GRPF KE - GV10

Entry 화면 1

```
> SR GRPF KE-GV10

RP/SELK1394Z/
0. 15SSC TOUR   NM: 0
  1  KE 703 G 22MAR 3 ICNNRT HN15 1010 1230  22MAR  E  0 333 M
     SEE RTSVC
  2  KE 706 G 30MAR 4 NRTICN HN15 0925 1150  30MAR  E  0 772 S
     SEE RTSVC
  3 AP 031-350-2394 SSC TOUR-A
  4 AP 010-1234-5678 KIM/GUIDE MR
  5 SSR GRPF KE GV10
```

단체는 개인요금과 달리 단체할인(GRPF)이 적용된다. 그러므로 단체에 적용되는 할인요금코드(GV10)를 입력해야 한다.

5. 저장

ER

Entry 화면 1

```
> ER

RESERVATION NUMBER BASED ON PHONE:1350-2396
*TRN*

> ER

--- RLR ---
RP/SELK1394Z/SELK1394Z            AA/GS  18SEP16/1620Z   5SCJKG
1350-2396
0. 15SSC TOUR   NM: 0
  1  KE 703 G 22MAR 3 ICNNRT HN15 1010 1230  22MAR  E  KE/5SCJKG
  2  KE 706 G 30MAR 4 NRTICN HN15 0925 1150  30MAR  E  KE/5SCJKG
  3 AP 031-350-2394 SSC TOUR-A
  4 AP 010-1234-5678 KIM/GUIDE MR
  5 TK OK18SEP/SELK1394Z
  6 SSR GRPF KE GV10
```

6. 실제 승객명 작성

패키지 상품에 모객이 되어 실제 승객명이 확보되면 저장된 단체 PNR을 조회하여 승객성명을 단체 PNR에 입력하고 저장한다.

NM1SEO/DAEYOUNGMR

NM1YOON/MYUNGJOOMS

Entry 화면 1

```
> NM1YOON/MYUNGJOOMS

--- RLR ---
RP/SELK1394Z/SELK1394Z            AA/GS  18SEP16/1620Z   5SCJKG
1350-2396
0. 13SSC TOUR   NM: 2
  3  KE 703 G 22MAR 3 ICNNRT HN15 1010 1230  22MAR  E  KE/5SCJKG
  4  KE 706 G 30MAR 4 NRTICN HN15 0925 1150  30MAR  E  KE/5SCJKG
  5 AP 031-350-2394 SSC TOUR-A
  6 AP 010-1234-5678 KIM/GUIDE MR
  7 TK OK18SEP/SELK1394Z
  8 SSR GRPF KE GV10
```

PNR을 보면 "0. 15SSC TOUR NM: 0"에서 2명의 승객명을 입력하였으므로 "0. 13SSC TOUR NM: 2"로 바뀐 것을 알 수 있다.

7. 입력된 단체승객명 조회

RTN

Entry 화면 1

```
> RTN

RP/SELK1394Z/SELK1394Z            AA/GS   18SEP16/1620Z   5SCJKG
1350-2396
0. 13SSC TOUR   NM: 2
BKD:15               CNL: 0                SPL: 0
  1.SEO/DAEYOUNGMR    2.YOON/MYUNGJOOMS
```

8. 여정과 입력된 승객명 동시 조회

RTW – 13502396

RTW – 예약번호(- 없이)

Entry 화면 1

```
> RTW-13502396

--- RLR ---
RP/SELK1394Z/SELK1394Z            AA/GS   18SEP16/1633Z   5SCJKG
1350-2396
0. 13SSC TOUR   NM: 2
BKD:15               CNL: 0                SPL: 0
  1.SEO/DAEYOUNGMR    2.YOON/MYUNGJOOMS
  3  KE 703 G 22MAR 3 ICNNRT HN15 1010 1230  22MAR  E  KE/5SCJKG
  4  KE 706 G 30MAR 4 NRTICN HN15 0925 1150  30MAR  E  KE/5SCJKG
  5 AP 031-350-2394 SSC TOUR-A
  6 AP 010-1234-5678 KIM/GUIDE MR
  7 TK OK18SEP/SELK1394Z
  8 SSR GRPF KE GV10
```

9. 입력한 승객명 삭제

2G

삭제할 승객번호+G

Entry 화면 1

```
>  2G

--- RLR ---
RP/SELK1394Z/SELK1394Z            AA/GS  18SEP16/1633Z   5SCJKG
1350-2396
0. 14SSC TOUR  NM: 1
BKD:15                CNL: 0                 SPL: 0
  1.SEO/DAEYOUNGMR
  2  KE 703 G 22MAR 3 ICNNRT HN15 1010 1230  22MAR  E  KE/5SCJKG
  3  KE 706 G 30MAR 4 NRTICN HN15 0925 1150  30MAR  E  KE/5SCJKG
  4 AP 031-350-2394 SSC TOUR-A
  5 AP 010-1234-5678 KIM/GUIDE MR
  6 TK OK18SEP/SELK1394Z
  7 SSR GRPF KE GV10
```

10. 총인원 감원

SP0.13

SP0 + 감원할 총인원수

Entry 화면 1

```
> SP0.13

--- RLR ---
-ASSOCIATE PNR-
RP/SELK1394Z/SELK1394Z           AA/GS  18SEP16/1638Z   XXXXXX
0. 13SSC TOUR  NM: 0
  1  KE 703 G 22MAR 3 ICNNRT HN13 1010 1230  22MAR  E  KE/5SCJKG
  2  KE 706 G 30MAR 4 NRTICN HN13 0925 1150  30MAR  E  KE/5SCJKG
  3 AP 031-350-2394 SSC TOUR-A
  4 AP 010-1234-5678 KIM/GUIDE MR
  5 TK OK18SEP/SELK1394Z
  6 SSR GRPF KE GV10
  7 SSR GRPS YY TCP 15 SSC TOUR
  * SP 18SEP/AAGS/SELK1394Z-5SCJKG
```

총인원이 15명에서 13명으로 줄어들었다.

역량평가 예상문제 /

1. 단체예약에서 입력한 승객명을 조회하는 ENTRY는?

2. 입력한 승객명 중 3번 승객의 성명을 삭제하는 ENTRY는?

3. 총인원을 12명으로 감원하는 ENTRY는?

4. 예약번호 1350 – 2394의 단체예약을 입력한 승객명과 함께 조회하는 ENTRY는?

5. 다음 조건으로 예약업무를 수행하고 예약번호를 쓰시오.

단체명 : HAPPY

총인원 : 15명

여 정 : 11월 1일 서울 - 도쿄 일본항공
11월 7일 도쿄 - 서울 일본항공

여행사 : JJ TOUR 031 - 333 - 5555 / 010 - 5656 - 7878 박서준 담당자

단체요금코드 : GV10

단체예약 후 본인의 이름과 송중기(SONG/JUNGGIMR) 이름을 입력하시오.

■ 항공용어

- Land Operator : 현지에서 여행의 지상수배를 전문으로 하는 여행사를 말한다.
- Load Factor : 관광객 또는 화물의 탑재 가능량에 대하여 실제로 탑재한 관광객 또는 화물의 탑승률을 말함
- Local Time : 현지시간
- Lost & Found Office : 공항에서의 승객의 화물 유실물 취급소를 말한다.
- Miscellaneous Charge Order(MCO) : 항공사나 대리점이 발행한 MCO에 기재된 사람에게 적절한 티켓발급이나 서비스의 제공을 요청하는 서류이다. 요금이나 초과수하물 운임의 지불 혹은 차액 등의 완불을 위한 지불수단으로서 이용되고 있다.
- Mis－Connection : 바꾸어 탑승할 때 접속지점까지 수송하는 항공편이 지연되거나 결항하여 항공편에 탑승하지 못하는 것을 말함.
- Multiple Airport City : 두 개소 이상의 공항이 있는 도시를 말한다.
- Net Fare : 항공요금이나 여행상품의 가격에서 수수료를 뺀 원가를 말한다.
- No Record(NOREC) : 관광객이 탑승수속 시 예약된 티켓을 제시했으나 항공사 쪽에는 예약을 받은 기록이나 좌석을 확인해준 근거가 없는 상태를 말함
- No Show : mis connection 이외의 이유로서 관광객이 예약 취소를 하지 않은 채로 예약편에 탑승하지 않는 것
- No Subject to Load(NOSUB) : 무상 혹은 할인요금을 지불한 관광객이 일반 유상관광객과 같이 좌석예약을 할 수 있도록 하는 것.
- Non Revenue Passenger : 무임탑승 관광객. 특별히 무료로 관광할 수 있도록 계약된 사람들로서 대부분이 타 항공사 직원들이다. 이는 space가 있을 때 check－in할 수 있는 sublo basis와 confirmed basis로서 예약 확인되면 check－in이 언제든 가능한 no sublo가 있다.
- Non－Stop flight : 목적지까지 중간경유지 없이 비행하는 것을 말한다.
- Normal Fare : 할인이 되지 않은 정상요금

학습

3

항공 예약 변경하기

[학습 3] 항공 예약 변경하기

[학습 1] 항공 조회하기	[학습 2] 항공 예약하기	[학습 4] 항공 예약기록 관리하기

1-1 PNR 조회

학습목표	예약한 PNR을 조회할 수 있다.

필요지식 /

1 예약번호 조회

완성한 후 저장한 PNR은 TOPAS SELLCONNECT 서버에 보관되어 있으므로 예약을 변경하거나 취소할 때, 또는 예약재확인을 할 때 등 자주 조회해 보게 된다. PNR을 조회하는 가장 간단한 방법은 예약번호로 조회하는 것이다.

RT2299 - 3075

Entry 화면 - LEE YOONJIMS (3) - 23AUG - SIN - 2299-3075

```
> RT2299-3075
--- RLR ---
RP/SELK1394Z/SELK1394Z            AA/SU   4MAR20/0609Z    W7KJP5
2299-3075
  1.LEE/YOONJIMS    2.JUNG/LANIEMISS(CHD/25SEP15)
  3.JUNG/HANWULMR(INFJUNG/LADOLMSTR/01MAR20)
  4  SQ 607 Y 23AUG 7 ICNSIN HK3  0900 1420  23AUG  E  SQ/W7KJP5
  5  SQ 602 Y 30AUG 7 SINICN HK3  1440 2215  30AUG  E  SQ/W7KJP5
  6 AP 031-299-3075 JJ TOUR-A
  7 AP 010-3333-7777-M
  8 AP 010-5555-8888-M/P3
  9 AP 02-888-9999-H
 10 AP 02-777-5555-B
 11 AP AAA@JJ.CO.KR-E
 12 TK OK04MAR/SELK1394Z
 13 SSR CHLD SQ HK1 25SEP15/S4/P2
 14 SSR CHLD SQ HK1 25SEP15/S5/P2
 15 SSR INFT SQ KK1 JUNG/LADOLMSTR 01MAR20/S4/P3
 16 SSR INFT SQ KK1 JUNG/LADOLMSTR 01MAR20/S5/P3
```

2 승객성명 이용 조회

예약번호를 모르는 경우 승객성명을 이용하여 조회할 수 있다.

RT/YOO/SIJIN

```
Entry 화면 1
> RT/YOO/SIJIN

RT/YOO/SIJIN
  1 YOO/SIJINMR          KE  OPEN Y          FRAICN   1 5NQW35
  2 YOO/SIJINMR          KE  53   G  01NOV   ICNHNL  20 5QKQEX
  3 YOO/SIJINMR          KE  53   G  01NOV   ICNHNL  20 5QKRP4
  4 YOO/SIJINMR          CX  496  Y  05NOV   HKGTPE   3 5QLKUA
  5 YOO/SIJINMR          KE  121  Y  20NOV   ICNSYD  16 5QLJEH
  6 YOO/SIJINMR          AA  292  Y  30NOV   LAXJFK   3 5QKHIO
  7 YOO/SIJINMR          AA  292  Y  30NOV   LAXJFK   1 5QKHJK
  8 YOO/SIJINMR          AA  292  Y  30NOV   LAXJFK   1 5QKHKJ
  9 YOO/SIJINMR          AA  292  Y  30NOV   LAXJFK   3 5QKHLK
 10 YOO/SIJINMR          AA  292  Y  30NOV   LAXJFK   1 5QKHOR
```

YOO/SIJIN이라는 성명으로 예약된 모든 PNR이 조회되었다. 동일한 이름으로 예약된 PNR이 많은 경우 PNR LIST를 확인해야 하므로 시간이 오래 걸린다.

RT7

RT + PNR LIST에서 조회할 PNR 번호

```
Entry 화면 1
> RT7

--- AXR RLR SFP ---
RP/SELK1394Z/SELK1394Z           RS/SU  10AUG16/1003Z   5QKHJK
6462-4575
  1.YOO/SIJINMR
  2  AA 292 Y 30NOV 3 LAXJFK HK1  0600 1428  30NOV  E  AA/
  3 AP 055-123-1452
  4 APM 010-5462-4575
  5 TK OK27JUL/SELK1394Z
  6 RM PSGR RSVN RECFM OK
  7 RM NOTIFY PASSENGER PRIOR TO TICKET PURCHASE & CHECK-IN:
       FEDERAL LAWS FORBID THE CARRIAGE OF HAZARDOUS MATERIALS -
       GGAMAUSHAZ/S2
  * SP 27JUL/AASU/SELK1394Z-5QKHHW
```

RT/KANG/M

Entry 화면 1

```
> RT/KANG/M

RT/KANG/M
  1 KANG/MIHHUKMR        CX  496  Y  05NOV  HKGTPE  2 5QLKRT
  2 KANG/MIJINMS         EY  873  K  25NOV  ICNAUH  3 5N64JZ
  3 KANG/MIJOOMS         NO ACTIVE ITINERARY          5NVXLA
  4 KANG/MINAMISS        NO ACTIVE ITINERARY          5O9XZS
  5 KANG/MINAMS          KL  855  Y  20DEC  AMSICN  2 5OFWXC
  6 KANG/MINAMS          NO ACTIVE ITINERARY          5NOBJU
  7 KANG/MINAMS          NO ACTIVE ITINERARY          5NS2UI
  8 KANG/MINCHULMR       NO ACTIVE ITINERARY          5QL6V9
  9 KANG/MINGOOMR        CX  417  B  10NOV  ICNHKG  3 5RLGLX
 10 KANG/MINGUMR         TG  9254 Y  10OCT  ICNBKK  2 5R5VK9
```

KANG/M으로 시작하는 성명이 입력된 모든 PNR이 조회되었다.

3 출발일과 승객성명 이용 조회

출발일과 승객성명을 이용할 경우 검색범위를 좁힐 수 있다.

RT/22MAR – YOO

Entry 화면 1

```
> RT/22MAR-YOO

RT/22MAR-YOO
  1 YOO/SIJINMR          KE  613  M  22MAR  ICNHKG  3 5SCH3P
  2 YOO/SIJINMR          KE  613  K  22MAR  ICNHKG  3 5SCH5D
  3 YOO/SIJINMR          KE  613  K  22MAR  ICNHKG  3 5SCH6Z
  4 YOO/SOAHMISS         KE  613  M  22MAR  ICNHKG  3 5SCH3P
  5 YOO/SOAHMISS         KE  613  K  22MAR  ICNHKG  3 5SCH5D
  6 YOO/SOAHMISS         KE  613  K  22MAR  ICNHKG  3 5SCH6Z
```

출발일과 편명, 승객성명을 함께 이용할 경우 검색범위를 더욱 좁힐 수 있다.

RT KE651 /10FEB – LEE/SOONSHIN

■ 항공용어

- OAG(Offical Airline Guide) : 전 세계의 국내, 국제선 운항 항공사의 시간표를 중심으로 요금, 통화환산표 등 관광에 필요한 자료가 기록된 간행물
- Occupancy Rate : 항공기의 좌석 이용률을 말한다.
- Off Season Fare : 관광비수기에 관광자를 확보하기 위하여 판매하는 할인요금
- OJT(On the Job Training) : 신입 사원이나 부서 이동 시 새로운 업무에 대한 실무 훈련을 말한다.
- On - Line/Off - Line : On - Line은 우리 항공기가 정기 운행되고 있는 노선을, Off - Line은 우리 항공기가 정기적으로 운항되고 있지 않은 노선 또는 도시를 나타낸다.
- Open Jaw Trip : 일주 또는 왕복여정으로 출발지가 같고 목적지에 있어서 항공기를 사용하지 않고 두 지점 간을 이용하는 여행을 말하며, 또는 출발지와 기착지가 다른 여행으로 각기 왕복운임을 쓸 수 있는 여행을 말한다.
- Open Ticket : 예약이 되어 있지 않는 항공권을 말함
- Operation : 운항
- Outbound : 자국을 기준으로 출국하는 관광자
- Over Booking : 어떤 비행편에 판매 가능한 좌석수보다 많은 관광자의 예약을 접수한 상태
- Over Riding Commission : 총대리점이나 포괄관광 등 특수한 판매노력을 필요로 하는 것에 대하여 통상의 대리점 수수료에 가산하여 지불되는 추가 수수료
- Over Weight Baggage : 초과화물
- Oversale : 좌석이 확약된 항공권을 소지한 관광자가 예약된 비행편의 좌석 부족으로 탑승할 수 없는 상황 이러한 상황은 over - booking 및 기종의 변경, 직원의 실수 등으로 발생할 수 있다.

1-2 PNR 변경

학습목표	예약하였거나 예약하고 있는 PNR의 항목을 변경할 수 있다.

필요지식 /

1 여정 변경

여정을 변경하기 위해서 PNR을 조회한다.

RT2222 - 3340

Entry 화면 - YOO SIJINMR (3) - 23AUG - HKG - 2222-3340

```
> ER

--- RLR ---
RP/SELK1394Z/SELK1394Z           AA/SU   5MAR20/1522Z   WHIEZV
2222-3340
  1.YOO/SIJINMR   2.KANG/MOYEONMS(INFYOO/AGIMSTR/04MAR20)
  3.YOO/SOAHMISS(CHD/27AUG16)
  4  KE 603 Y 23AUG 7 ICNHKG HK3  0810 1100  23AUG  E  KE/WHIEZV
  5  KE 608 Y 30AUG 7 HKGICN HK3  0045 0525  30AUG  E  KE/WHIEZV
  6 AP 010-2222-3333-M
  7 TK OK05MAR/SELK1394Z
  8 SSR INFT KE HK1 YOO/AGIMSTR 04MAR20/S4/P2
  9 SSR INFT KE HK1 YOO/AGIMSTR 04MAR20/S5/P2
 10 SSR CHLD KE HK1 27AUG16/P3
 11 SSR BBML KE HK1/S4/P2
 12 SSR BBML KE HK1/S5/P2
 13 SSR BSCT KE HN1/S4/P2
 14 SSR BSCT KE HN1/S5/P2
 15 SSR CHML KE HN1 PIZZA/S4/P3
 16 SSR CHML KE HN1 PIZZA/S5/P3
 17 OPW SELK1394Z-19MAR:1900/1C7/KE REQUIRES TICKET ON OR BEFORE
        20MAR:1900/S4-5
 18 OPC SELK1394Z-20MAR:1900/1C8/KE CANCELLATION DUE TO NO
        TICKET/S4-5
```

위의 승객들이 여행 자체를 취소하게 되어 예약 취소를 원할 경우 전체여정을 취소하고 저장하면 예약취소와 다름이 없다.

XI

전체여정 취소 지시어

```
Entry 화면 1

> XI

--- RLR ---
RP/SELK1394Z/SELK1394Z              AA/GS   18SEP16/1550Z    5SCH6Z
0350-2394
  1.YOO/SIJINMR    2.KANG/MOYEONMS(INFYOO/AGIMSTR/27AUG16)
  3.YOO/SOAHMISS(CHD/15SEP10)
  4 AP 031-350-2394 SSC TOUR-A
  5 AP 010-3333-6666-M/P1
  6 TK OK19SEP/SELK1394Z
  7 SK SSRX KE SSRS HAVE BEEN CANCELLED-PLZ TAKE ACTION
```

귀국편만 취소하고자 하면 귀국편 항목의 번호가 5번이므로

XE5

취소지시어 XE + 항목번호

```
Entry 화면 1

> XE5

--- RLR ---
RP/SELK1394Z/SELK1394Z              AA/GS   18SEP16/1550Z    5SCH6Z
0350-2394
  1.YOO/SIJINMR    2.KANG/MOYEONMS(INFYOO/AGIMSTR/27AUG16)
  3.YOO/SOAHMISS(CHD/15SEP10)
  4  KE 613 K 22MAR 3 ICNHKG HK3  1100 1405  22MAR  E  KE/5SCH6Z
  5 AP 031-350-2394 SSC TOUR-A
  6 AP 010-3333-6666-M/P1
  7 TK OK18SEP/SELK1394Z
  8 SSR INFT KE HK1 YOO/AGIMSTR 27AUG16/S4/P2
  9 SSR CHLD KE HK1 15SEP10/P3
 10 SSR BBML KE HK1/S4/P2
 11 SSR CHML KE HN1 PIZZA/S4/P3
 12 OSI KE NATIONAL SOCCER PLAYER/P1
 13 SK SSRX KE SSRS HAVE BEEN CANCELLED-PLZ TAKE ACTION
 14 OPW SELK1394Z-30SEP:1900/1C7/KE REQUIRES TICKET ON OR BEFORE
        02OCT:1900/S4
 15 OPC SELK1394Z-02OCT:1900/1C8/KE CANCELLATION DUE TO NO
        TICKET/S4
```

XE1,3

1번과 3번 항목 취소

XE3 - 8

3번부터 8번까지 항목 모두 취소

SB 25MAR 4

여정변경 지시어 SB + 변경할 날짜 + 변경할 항목번호

Entry 화면 1

```
> SB25MAR4

ASSOCIATED SSR REMOVED - ALL SSR REBOOKED
--- RLR ---
RP/SELK1394Z/SELK1394Z            AA/GS  18SEP16/1550Z   5SCH6Z
0350-2394
  1.YOO/SIJINMR    2.KANG/MOYEONMS(INFYOO/AGIMSTR/27AUG16)
  3.YOO/SOAHMISS(CHD/15SEP10)
  4  KE 613 K 25MAR 6 ICNHKG DK3  1100 1405  25MAR  E  0 772 L
     SEE RTSVC
  5  KE 604 K 30MAR 4 HKGICN HK3  1205 1645  30MAR  E  KE/5SCH6Z
  6 AP 031-350-2394 SSC TOUR-A
  7 AP 010-3333-6666-M/P1
  8 TK OK18SEP/SELK1394Z
  9 SSR INFT KE HK1 YOO/AGIMSTR 27AUG16/S5/P2
 10 SSR CHLD KE HK1 15SEP10/P3
 11 SSR BBML KE HK1/S5/P2
 12 SSR CHML KE HN1 PIZZA/S5/P3
 13 SSR INFT KE HK1 YOO/AGIMSTR 27AUG16/S4/P2
 14 SSR BBML KE HK1/S4/P2
 15 SSR CHML KE HN1 PIZZA/S4/P3
 16 OSI KE NATIONAL SOCCER PLAYER/P1
 17 SK SSRX KE SSRS NOT ALL REREQUESTED/
       CONFIRMED-PLZ TAKE ACTION
 18 OPW SELK1394Z-30SEP:1900/1C7/KE REQUIRES TICKET ON OR BEFORE
```

4번의 출국편 탑승일을 22MAR → 25MAR로 변경하였다.

SB KE603 *4

여정변경 지시어 SB + 변경할 항공편명 + *변경할 항목번호

Entry 화면 1

```
> SBKE603*4

ASSOCIATED SSR REMOVED - ALL SSR REBOOKED
--- RLR ---
RP/SELK1394Z/SELK1394Z            AA/GS  18SEP16/1550Z   5SCH6Z
0350-2394
  1.YOO/SIJINMR   2.KANG/MOYEONMS(INFYOO/AGIMSTR/27AUG16)
  3.YOO/SOAHMISS(CHD/15SEP10)
  4  KE 603 K 22MAR 3 ICNHKG DK3  0825 1120  22MAR  E  0 772 B
     SEE RTSVC
  5  KE 604 K 30MAR 4 HKGICN HK3  1205 1645  30MAR  E  KE/5SCH6Z
  6 AP 031-350-2394 SSC TOUR-A
  7 AP 010-3333-6666-M/P1
  8 TK OK18SEP/SELK1394Z
  9 SSR INFT KE HK1 YOO/AGIMSTR 27AUG16/S5/P2
 10 SSR CHLD KE HK1 15SEP10/P3
 11 SSR BBML KE HK1/S5/P2
 12 SSR CHML KE HN1 PIZZA/S5/P3
 13 SSR INFT KE HK1 YOO/AGIMSTR 27AUG16/S4/P2
 14 SSR BBML KE HK1/S4/P2
 15 SSR CHML KE HN1 PIZZA/S4/P3
 16 OSI KE NATIONAL SOCCER PLAYER/P1
 17 SK SSRX KE SSRS NOT ALL REREQUESTED/
       CONFIRMED-PLZ TAKE ACTION
 18 OPW SELK1394Z-30SEP:1900/1C7/KE REQUIRES TICKET ON OR BEFORE
```

SB C 4

여정변경 지시어 SB + 변경할 BOOKING CLASS + 변경할 항목번호

Entry 화면 1

```
> SBC4

ASSOCIATED SSR REMOVED - ALL SSR REBOOKED
--- RLR ---
RP/SELK1394Z/SELK1394Z           AA/GS  18SEP16/1550Z   5SCH6Z
0350-2394
  1.YOO/SIJINMR   2.KANG/MOYEONMS(INFYOO/AGIMSTR/27AUG16)
  3.YOO/SOAHMISS(CHD/15SEP10)
  4  KE 613 C 22MAR 3 ICNHKG DK3  1100 1405  22MAR  E  0 772 L
     SEE RTSVC
  5  KE 604 K 30MAR 4 HKGICN HK3  1205 1645  30MAR  E  KE/5SCH6Z
  6 AP 031-350-2394 SSC TOUR-A
  7 AP 010-3333-6666-M/P1
  8 TK OK18SEP/SELK1394Z
  9 SSR INFT KE HK1 YOO/AGIMSTR 27AUG16/S5/P2
 10 SSR CHLD KE HK1 15SEP10/P3
 11 SSR BBML KE HK1/S5/P2
 12 SSR CHML KE HN1 PIZZA/S5/P3
 13 SSR INFT KE HK1 YOO/AGIMSTR 27AUG16/S4/P2
 14 SSR BBML KE HK1/S4/P2
 15 SSR CHML KE HN1 PIZZA/S4/P3
 16 OSI KE NATIONAL SOCCER PLAYER/P1
 17 SK SSRX KE SSRS NOT ALL REREQUESTED/
       CONFIRMED-PLZ TAKE ACTION
 18 OPW SELK1394Z-30SEP:1900/1C7/KE REQUIRES TICKET ON OR BEFORE
```

출국하는 항공편의 BOOKING CLASS가 K→C로 변경되었다.

여정을 변경한 후 저장하고자 할 경우 PNR에 서비스 사항이 입력되어 있으면 다음과 같은 ERROR RESPONSE가 나온다.

Entry 화면 1

```
> ER

PLZ DELETE SK SSRX/SSTX-REAPPLY SSR/SEAT-REFER TO HISTORY
WARNING: KE REQUIRES TICKET ON OR BEFORE 02OCT:1900/S4-5
```

SK 사항(17번)을 삭제하고 다시 저장한다.

XE17

ER

2 성명 변경

성명의 변경이나 삭제는 PNR을 저장하기 이전에만 할 수 있다. PNR을 저장한 이후에는 성명은 수정이나 삭제가 불가능하거나 허용되더라도 매우 제한적이므로 처음에 성명을 작성할 때 수정할 일이 없도록 정확하게 입력한다.

1/(INFYOO/AGIMSTR/26AUG16)

1번 승객 성명 입력 후 1번 승객이 동반하는 유아 추가

Entry 화면 1

```
--- SFP ---
RP/SELK1394Z/
  1.YOO/SIJINMR
  2  KE 017 M 22MAR 3 ICNLAX DK1  1500 1000  22MAR  E  0 388 DB
     SEE RTSVC
  3  KE 018 M 30MAR 4 LAXICN DK1  1240 1750  31MAR  E  0 388 LD
     SEE RTSVC
  4 RM NOTIFY PASSENGER PRIOR TO TICKET PURCHASE & CHECK-IN:
       FEDERAL LAWS FORBID THE CARRIAGE OF HAZARDOUS MATERIALS -
       GGAMAUSHAZ/S2-3
*TRN*

> 1/(INFYOO/AGIMSTR/26AUG16)

--- SFP ---
RP/SELK1394Z/
  1.YOO/SIJINMR(INFYOO/AGIMSTR/26AUG16)
  2  KE 017 M 22MAR 3 ICNLAX DK1  1500 1000  22MAR  E  0 388 DB
     SEE RTSVC
  3  KE 018 M 30MAR 4 LAXICN DK1  1240 1750  31MAR  E  0 388 LD
     SEE RTSVC
  4 SSR INFT KE HK1 YOO/AGIMSTR 26AUG16/S2
  5 SSR INFT KE HK1 YOO/AGIMSTR 26AUG16/S3
  6 RM NOTIFY PASSENGER PRIOR TO TICKET PURCHASE & CHECK-IN:
       FEDERAL LAWS FORBID THE CARRIAGE OF HAZARDOUS MATERIALS -
       GGAMAUSHAZ/S2-3
```

1/

입력한 유아 성명 삭제

Entry 화면 1

```
--- SFP ---
RP/SELK1394Z/
  1.YOO/SIJINMR(INFYOO/AGIMSTR/26AUG16)
  2  KE 017 M 22MAR 3 ICNLAX DK1  1500 1000  22MAR  E  0 388 DB
     SEE RTSVC
  3  KE 018 M 30MAR 4 LAXICN DK1  1240 1750  31MAR  E  0 388 LD
     SEE RTSVC
  4 SSR INFT KE HK1 YOO/AGIMSTR 26AUG16/S2
  5 SSR INFT KE HK1 YOO/AGIMSTR 26AUG16/S3
  6 RM NOTIFY PASSENGER PRIOR TO TICKET PURCHASE & CHECK-IN:
       FEDERAL LAWS FORBID THE CARRIAGE OF HAZARDOUS MATERIALS -
       GGAMAUSHAZ/S2-3
*TRN*
> 1/

--- SFP ---
RP/SELK1394Z/
  1.YOO/SIJINMR
  2  KE 017 M 22MAR 3 ICNLAX DK1  1500 1000  22MAR  E  0 388 DB
     SEE RTSVC
  3  KE 018 M 30MAR 4 LAXICN DK1  1240 1750  31MAR  E  0 388 LD
     SEE RTSVC
  4 RM NOTIFY PASSENGER PRIOR TO TICKET PURCHASE & CHECK-IN:
       FEDERAL LAWS FORBID THE CARRIAGE OF HAZARDOUS MATERIALS -
       GGAMAUSHAZ/S2-3
```

유아의 성명과 함께 4, 5번 항목에 입력되었던 생년월일도 함께 삭제되었다.

2/(CHD/16MAY13)

소아 생년월일 변경

Entry 화면 1

```
--- SFP ---
RP/SELK1394Z/
  1.YOO/SIJINMR   2.YOO/SOAHMISS
  3  KE 017 M 22MAR 3 ICNLAX DK2  1500 1000  22MAR  E  0 388 DB
     SEE RTSVC
  4  KE 018 M 30MAR 4 LAXICN DK2  1240 1750  31MAR  E  0 388 LD
     SEE RTSVC
  5 RM NOTIFY PASSENGER PRIOR TO TICKET PURCHASE & CHECK-IN:
       FEDERAL LAWS FORBID THE CARRIAGE OF HAZARDOUS MATERIALS -
       GGAMAUSHAZ/S3-4
*TRN*

>  2/(CHD/18JUL13)

--- SFP ---
RP/SELK1394Z/
  1.YOO/SIJINMR   2.YOO/SOAHMISS(CHD/18JUL13)
  3  KE 017 M 22MAR 3 ICNLAX DK2  1500 1000  22MAR  E  0 388 DB
     SEE RTSVC
  4  KE 018 M 30MAR 4 LAXICN DK2  1240 1750  31MAR  E  0 388 LD
     SEE RTSVC
  5 SSR CHLD KE HK1 18JUL13/P2
  6 RM NOTIFY PASSENGER PRIOR TO TICKET PURCHASE & CHECK-IN:
       FEDERAL LAWS FORBID THE CARRIAGE OF HAZARDOUS MATERIALS -
       GGAMAUSHAZ/S3-4
```

소아의 생년월일을 추가하거나 변경할 때 사용한다.

XE2

2번 승객 성명 삭제

NU2/1KANG/MOYON MS

2번 승객 성명 SPELLING 수정

Entry 화면 1

```
                              ***  NHP  ***
RP/SELK1394Z/
  1.YOO/SIJINMR(INFYOO/AGIMSTR/26AUG16)   2.KANG/MOYEONMS
  3  KE 017 M 22MAR 3 ICNLAX DK1  1500 1000  22MAR  E  0 388 DB
     SEE RTSVC
  4  KE 018 M 30MAR 4 LAXICN DK1  1240 1750  31MAR  E  0 388 LD
     SEE RTSVC
  5 SSR INFT KE HK1 YOO/AGIMSTR 26AUG16/S3/P1
  6 SSR INFT KE HK1 YOO/AGIMSTR 26AUG16/S4/P1
  7 RM NOTIFY PASSENGER PRIOR TO TICKET PURCHASE & CHECK-IN:
       FEDERAL LAWS FORBID THE CARRIAGE OF HAZARDOUS MATERIALS -
       GGAMAUSHAZ/S3-4
*TRN*

> NU2/1KANG/MOYONMS

                              ***  NHP  ***
RP/SELK1394Z/
  1.YOO/SIJINMR(INFYOO/AGIMSTR/26AUG16)   2.KANG/MOYONMS
  3  KE 017 M 22MAR 3 ICNLAX DK1  1500 1000  22MAR  E  0 388 DB
     SEE RTSVC
  4  KE 018 M 30MAR 4 LAXICN DK1  1240 1750  31MAR  E  0 388 LD
     SEE RTSVC
  5 SSR INFT KE HK1 YOO/AGIMSTR 26AUG16/S3/P1
  6 SSR INFT KE HK1 YOO/AGIMSTR 26AUG16/S4/P1
  7 RM NOTIFY PASSENGER PRIOR TO TICKET PURCHASE & CHECK-IN:
       FEDERAL LAWS FORBID THE CARRIAGE OF HAZARDOUS MATERIALS -
       GGAMAUSHAZ/S3-4
```

2/1YOON/MYUNGJOO MS

2번 승객 성명을 다른 성명으로 변경

Entry 화면 1

```
--- SFP ---
RP/SELK1394Z/
  1.YOO/SIJINMR(INFYOO/AGIMSTR/26AUG16)    2.KANG/MOYONMS
  3  KE 017 M 22MAR 3 ICNLAX DK2  1500 1000  22MAR  E  0 388 DB
     SEE RTSVC
  4  KE 018 M 30MAR 4 LAXICN DK2  1240 1750  31MAR  E  0 388 LD
     SEE RTSVC
  5 SSR INFT KE HK1 YOO/AGIMSTR 26AUG16/S3/P1
  6 SSR INFT KE HK1 YOO/AGIMSTR 26AUG16/S4/P1
  7 RM NOTIFY PASSENGER PRIOR TO TICKET PURCHASE & CHECK-IN:
       FEDERAL LAWS FORBID THE CARRIAGE OF HAZARDOUS MATERIALS -
       GGAMAUSHAZ/S3-4
*TRN*

> 2/1YOON/MYUNGJOOMS

 ** WARNING PAX NAME CHANGED. CHECK NAME BEFORE EOT **
--- SFP ---
RP/SELK1394Z/
  1.YOO/SIJINMR(INFYOO/AGIMSTR/26AUG16)    2.YOON/MYUNGJOOMS
  3  KE 017 M 22MAR 3 ICNLAX DK2  1500 1000  22MAR  E  0 388 DB
     SEE RTSVC
  4  KE 018 M 30MAR 4 LAXICN DK2  1240 1750  31MAR  E  0 388 LD
     SEE RTSVC
  5 SSR INFT KE HK1 YOO/AGIMSTR 26AUG16/S3/P1
  6 SSR INFT KE HK1 YOO/AGIMSTR 26AUG16/S4/P1
  7 RM NOTIFY PASSENGER PRIOR TO TICKET PURCHASE & CHECK-IN:
       FEDERAL LAWS FORBID THE CARRIAGE OF HAZARDOUS MATERIALS -
       GGAMAUSHAZ/S3-4
```

■ 항공용어

- Pacific Area Travel Association(PATA) : 태평양지구의 관광촉진을 의하여 항공회사, 기타의 교통기관, 호텔, 관광업자, 대리점 등에 의하여 설립된 협회
- Passenger : 관광자, 탑승관광자
- Passenger Coupon : 국제선 항공권의 최종 page의 백색종이, 관광종료 후 혹은 교환발생의 경우에도 이것만은 항상 관광자에게 남아 있다. 따라서 관광의 기록으로써 사용되며 관광자의 운송계약의 등록서류로도 된다.
- Passenger Name Record(PNR) : 예약접수된 승객의 예약기록
- Passenger Service Order(PSO) : 항공사의 형편에 의해 운항불능 시 관광자에게 호텔, 식사, 지상 교통비의 제공을 지시하는 coupon 또는 지시어로서 통상의 경우 layover한 후 관광을 계속해야 할 관광자를 위해 출발거리에서 미리 layover station공항에 P.S.O를 message로 보내고 있다.
- Passenger Space : 관광자가 탑승할 수 있는 좌석
- Passenger Ticket & Baggage Check : 항공권을 말한다.
- Passport : 외국으로 관광하는 자국인 또는 자국에 있는 외국인에게 신변 변호를 위하여 정부가 국민에게 발행해 주는 국외관광용 신분 증명서를 말하는 것으로서 크게 나누어 4가지로(외교관여권, 관용여권, 일반여권, 임시여권) 분류할 수 있다.
- Prepaid Ticket Advice(PTA) : 항공요금의 선불제도로서 요금지불인이 멀리 떨어져 있는 관광자를 위하여 요금을 불입하고 실제로 탑승한 승객이 있는 곳에서 발권을 하여 탑승 관광자에게 항공권을 전해주도록 통지하는 것
- Promotioanl Fare : 판매촉진요금
- Property Irregularity Report(PIR) : 승객이 자신의 수화물에 지연, 분실, 파손, 부분 분실 사고 발생 시 항공사에 사실을 알리기 위해 자성하는 수화물 사고 보고서를 말한다.
- Published Fare : 항공회사의 관광자요금표에 공시되어 있는 관광자요금을 말함

1-3 PNR 분리

학습목표	1개의 PNR을 2개로 나누어 분리하고 예약을 취소하거나 변경하는 업무를 할 수 있다.

필요지식 /

1 PNR SPLIT 개념

PNR SPLIT은 2명 이상의 승객이 함께 예약한 PNR에서 일부 구성원이 예약을 변경하거나 취소, 또는 추가할 때 승객의 요구사항을 반영하기 위해 해당 승객의 PNR을 분리시키는 것이다. 이미 저장된 PNR에서 승객의 성명을 삭제하거나 해당 승객만 여정을 변경하거나 취소할 수 없으므로 PNR을 분리시켜 별도의 PNR을 만든 후 해당 승객의 PNR만 변경하는 것이다. SPLIT 처리에서 주의할 점은 다음과 같다.

① 이미 저장된 PNR만 SPLIT할 수 있다. 저장하기 전에 여정을 변경한다면 PNR을 별도로 만들면 된다.

② 승객의 연락처나 서비스 사항 등 승객과 연관되어 있는 내용은 해당 승객을 따라간다.

③ 작업 중인 PNR은 SPLIT 할 수 없으므로 먼저 저장한 후 새로 조회하여 SPLIT 한다.

④ SPLIT한 후 분리되어 새로 만들어진 NEW PNR을 저장하고 분리한 승객이 원래 속해 있던 ORIGINAL PNR도 저장해야 SPLIT 과정이 모두 끝난다.

⑤ KE 이외의 다른 항공사가 섞여 있는 PNR인 경우 SPLIT 처리가 해당 항공사의 시스템에도 반영되었는지 확인하는 것이 좋다.

2 PNR SPLIT 처리

1. PNR 조회

RT 예약번호

Entry 화면 1

```
>  RT1350-2397

--- RLR ---
RP/SELK1394Z/SELK1394Z            AA/GS  20SEP16/1343Z   5SF306
1350-2397
  1.YOO/SIJINMR   2.KANG/MOYEONMS
  3  KE 121 M 22MAR 3 ICNSYD HK2  1845 0655  23MAR  E  KE/5SF306
  4  KE 122 M 30MAR 4 SYDICN HK2  0845 1745  30MAR  E  KE/5SF306
  5 AP 031-350-2394 SSC TOUR-A
  6 AP 010-3333-6666-M/P1
  7 TK OK20SEP/SELK1394Z
  8 SSR SFML KE HK1/S3/P2
  9 SSR SFML KE HK1/S4/P2
 10 OSI KE NATIONAL SOCCER PLAYER/P1
 11 OPW SELK1394Z-03OCT:1900/1C7/KE REQUIRES TICKET ON OR BEFORE
        04OCT:1900/S3-4
 12 OPC SELK1394Z-04OCT:1900/1C8/KE CANCELLATION DUE TO NO
        TICKET/S3-4
```

2. PNR SPLIT

강모연 승객만 귀국일을 3월 29일로 변경하는 것을 요청하므로 2번 승객을 분리한다.

SP2

Entry 화면 1

```
>  SP2

--- RLR ---
-ASSOCIATE PNR-
RP/SELK1394Z/SELK1394Z            AA/GS  20SEP16/1343Z   XXXXXX
  1.KANG/MOYEONMS
  2  KE 121 M 22MAR 3 ICNSYD HK1  1845 0655  23MAR  E  KE/5SF306
  3  KE 122 M 30MAR 4 SYDICN HK1  0845 1745  30MAR  E  KE/5SF306
  4 AP 031-350-2394 SSC TOUR-A
  5 TK OK20SEP/SELK1394Z
  6 SSR SFML KE HK1/S2
  7 SSR SFML KE HK1/S3
  8 OPW SELK1394Z-03OCT:1900/1C7/KE REQUIRES TICKET ON OR BEFORE
        04OCT:1900/S2-3
  9 OPC SELK1394Z-04OCT:1900/1C8/KE CANCELLATION DUE TO NO
        TICKET/S2-3
  * SP 20SEP/AAGS/SELK1394Z-5SF306
```

3. 분리한 PNR 저장

분리하여 새로 만들어진 NEW PNR(=ASSOCIATE PNR)을 저장한다. SPLIT할 때의 저장 지시어는 EF이다.

EF

EF

Entry 화면 1

```
>  EF

WARNING: KE REQUIRES TICKET ON OR BEFORE 04OCT:1900/S2-3
*TRN*

>  EF

--- RLR ---
-PARENT PNR-
RP/SELK1394Z/SELK1394Z            AA/GS  20SEP16/1343Z   5SF3O6
1350-2397
  1.YOO/SIJINMR
  2  KE 121 M 22MAR 3 ICNSYD HK1  1845 0655  23MAR  E  KE/5SF3O6
  3  KE 122 M 30MAR 4 SYDICN HK1  0845 1745  30MAR  E  KE/5SF3O6
  4 AP 031-350-2394 SSC TOUR-A
  5 AP 010-3333-6666-M
  6 TK OK20SEP/SELK1394Z
  7 OSI KE NATIONAL SOCCER PLAYER
  8 OPW SELK1394Z-03OCT:1900/1C7/KE REQUIRES TICKET ON OR BEFORE
        04OCT:1900/S2-3
  9 OPC SELK1394Z-04OCT:1900/1C8/KE CANCELLATION DUE TO NO
        TICKET/S2-3
  * SP 20SEP/AAGS/SELK1394Z-5SF3Y6
```

분리되어 새로 만들어진 강모연 승객의 PNR 예약번호가 PNR의 가장 아래쪽에 있다. (5SF3Y6)

4. 원래 PNR 저장

유시진과 강모연 승객이 함께 있던 PNR에서 강모연 승객이 분리되어 나갔으므로 ORIGINAL PNR(=PARENT PNR)도 저장한다.

ER

ER

Entry 화면 1

```
> ER

WARNING: KE REQUIRES TICKET ON OR BEFORE 04OCT:1900/S2-3
*TRN*

> ER

--- AXR RLR ---
RP/SELK1394Z/SELK1394Z           AA/GS  20SEP16/1352Z   5SF306
1350-2397
  1.YOO/SIJINMR
  2  KE 121 M 22MAR 3 ICNSYD HK1  1845 0655  23MAR  E  KE/5SF306
  3  KE 122 M 30MAR 4 SYDICN HK1  0845 1745  30MAR  E  KE/5SF306
  4 AP 031-350-2394 SSC TOUR-A
  5 AP 010-3333-6666-M
  6 TK OK20SEP/SELK1394Z
  7 OSI KE NATIONAL SOCCER PLAYER
  8 OPW SELK1394Z-03OCT:1900/1C7/KE REQUIRES TICKET ON OR BEFORE
        04OCT:1900/S2-3
  9 OPC SELK1394Z-04OCT:1900/1C8/KE CANCELLATION DUE TO NO
        TICKET/S2-3
  * SP 20SEP/AAGS/SELK1394Z-5SF3Y6
```

5. NEW PNR 조회

강모연 승객이 귀국일을 3월 29일로 변경하는 것을 요청하였으므로 분리한 강모연 승객의 PNR을 조회한다.

RT 5SF3Y6

Entry 화면 1

```
> RT5SF3Y6

--- AXR RLR ---
RP/SELK1394Z/SELK1394Z            AA/GS  20SEP16/1352Z   5SF3Y6
1350-2398
  1.KANG/MOYEONMS
  2  KE 121 M 22MAR 3 ICNSYD HK1  1845 0655  23MAR  E  KE/5SF3Y6
  3  KE 122 M 30MAR 4 SYDICN HK1  0845 1745  30MAR  E  KE/5SF3Y6
  4 AP 031-350-2394 SSC TOUR-A
  5 TK OK20SEP/SELK1394Z
  6 SSR SFML KE HK1/S2
  7 SSR SFML KE HK1/S3
  8 OPW SELK1394Z-03OCT:1900/1C7/KE REQUIRES TICKET ON OR BEFORE
        04OCT:1900/S2-3
  9 OPC SELK1394Z-04OCT:1900/1C8/KE CANCELLATION DUE TO NO
        TICKET/S2-3
  * SP 20SEP/AAGS/SELK1394Z-5SF3O6
```

6. 여정 변경

귀국일을 3월 29일로 변경한다. 귀국편 여정이 3번이므로 3번 여정을 변경한다.

SB 29MAR 3

여정변경 지시어 SB + 변경하고자 하는 날짜 + 변경할 여정번호

Entry 화면 1

```
> SB 29MAR 3

ASSOCIATED SSR REMOVED - ALL SSR REBOOKED
--- AXR RLR ---
RP/SELK1394Z/SELK1394Z            AA/GS  20SEP16/1352Z   5SF3Y6
1350-2398
  1.KANG/MOYEONMS
  2  KE 121 M 22MAR 3 ICNSYD HK1  1845 0655  23MAR  E  KE/5SF3Y6
  3  KE 122 M 29MAR 3 SYDICN DK1  0845 1745  29MAR  E  0 333 BL
     SEE RTSVC
  4 AP 031-350-2394 SSC TOUR-A
  5 TK OK20SEP/SELK1394Z
  6 SSR SFML KE HK1/S2
  7 SSR SFML KE HK1/S3
  8 SK SSRX KE SSRS HAVE BEEN CANCELLED-PLZ TAKE ACTION
  9 OPW SELK1394Z-03OCT:1900/1C7/KE REQUIRES TICKET ON OR BEFORE
        04OCT:1900/S2
 10 OPC SELK1394Z-04OCT:1900/1C8/KE CANCELLATION DUE TO NO
        TICKET/S2
  * SP 20SEP/AAGS/SELK1394Z-5SF3O6
```

7. SK 사항 삭제

여정을 수정하였으므로 8번에 SK 사항이 생성되었다. 만약 저장 지시어를 입력하였을 때 ERROR MESSAGE가 나오면 SK 항목을 삭제하고 저장한다.

XE8

Entry 화면 1

```
>  ER

PLZ DELETE SK SSRX/SSTX-REAPPLY SSR/SEAT-REFER TO HISTORY
WARNING: KE REQUIRES TICKET ON OR BEFORE 04OCT:1900/S2-3
*TRN*

>  XE8

--- AXR RLR ---
RP/SELK1394Z/SELK1394Z           AA/GS  20SEP16/1352Z   5SF3Y6
1350-2398
RF
  1.KANG/MOYEONMS
  2  KE 121 M 22MAR 3 ICNSYD HK1  1845 0655  23MAR  E  KE/5SF3Y6
  3  KE 122 M 29MAR 3 SYDICN DK1  0845 1745  29MAR  E  0 333 BL
     SEE RTSVC
  4 AP 031-350-2394 SSC TOUR-A
  5 TK OK20SEP/SELK1394Z
  6 SSR SFML KE HK1/S2
  7 SSR SFML KE HK1/S3
  8 OPW SELK1394Z-03OCT:1900/1C7/KE REQUIRES TICKET ON OR BEFORE
        04OCT:1900/S2-3
  9 OPC SELK1394Z-04OCT:1900/1C8/KE CANCELLATION DUE TO NO
        TICKET/S2-3
  * SP 20SEP/AAGS/SELK1394Z-5SF3O6
```

8. 변경한 PNR 저장

ER

Entry 화면 1

```
>  ER

WARNING: KE REQUIRES TICKET ON OR BEFORE 04OCT:1900/S2-3
*TRN*

>  ER

--- AXR RLR ---
RP/SELK1394Z/SELK1394Z            AA/GS  20SEP16/1403Z   5SF3Y6
1350-2398
  1.KANG/MOYEONMS
  2  KE 121 M 22MAR 3 ICNSYD HK1  1845 0655  23MAR  E  KE/5SF3Y6
  3  KE 122 M 29MAR 3 SYDICN HK1  0845 1745  29MAR  E  KE/5SF3Y6
  4 AP 031-350-2394 SSC TOUR-A
  5 TK OK20SEP/SELK1394Z
  6 SSR SFML KE HK1/S2
  7 SSR SFML KE HK1/S3
  8 OPW SELK1394Z-03OCT:1900/1C7/KE REQUIRES TICKET ON OR BEFORE
        04OCT:1900/S2-3
  9 OPC SELK1394Z-04OCT:1900/1C8/KE CANCELLATION DUE TO NO
        TICKET/S2-3
  * SP 20SEP/AAGS/SELK1394Z-5SF3O6
```

PNR SPLIT 처리가 완료되었고, 승객의 요청사항도 반영되었다. 승객이 예약을 취소하기 원하면 6번째 단계에서 여정 변경 대신 전체여정을 취소(XI)하고 저장하면 된다.

XI

승객이 여러 명이고 여러 명을 분리하려면 두 번째 단계에서 분리할 승객의 번호를 여러 개 입력한다.

SP 2, 4 - 5

2, 4, 5번의 승객을 분리하기 원할 때

Entry 화면 1

```
--- RLR ---
RP/SELK1394Z/SELK1394Z            AA/GS  20SEP16/1418Z   5SF5LP
1350-2399
  1.YOO/SIJINMR    2.KANG/MOYEONMS    3.SEO/DAEYOUNGMR
  4.YOON/MYUNGJOOMS    5.YOON/GILJUNMR
  6  KE 703 M 22MAR 3 ICNNRT HK5  1010 1230  22MAR  E  KE/5SF5LP
  7  KE 706 M 30MAR 4 NRTICN HK5  0925 1150  30MAR  E  KE/5SF5LP
  8 AP 031-350-2394 SSC TOUR-A
  9 AP 010-3333-6666-M/P1
 10 TK OK20SEP/SELK1394Z
 11 OPW SELK1394Z-04OCT:1900/1C7/KE REQUIRES TICKET ON OR BEFORE
        05OCT:1900/S6-7
 12 OPC SELK1394Z-05OCT:1900/1C8/KE CANCELLATION DUE TO NO
        TICKET/S6-7
*TRN*

>  SP2,4-5

--- RLR ---
-ASSOCIATE PNR-
RP/SELK1394Z/SELK1394Z            AA/GS  20SEP16/1418Z   XXXXXX
  1.KANG/MOYEONMS    2.YOON/MYUNGJOOMS    3.YOON/GILJUNMR
  4  KE 703 M 22MAR 3 ICNNRT HK3  1010 1230  22MAR  E  KE/5SF5LP
  5  KE 706 M 30MAR 4 NRTICN HK3  0925 1150  30MAR  E  KE/5SF5LP
  6 AP 031-350-2394 SSC TOUR-A
  7 TK OK20SEP/SELK1394Z
  8 OPW SELK1394Z-04OCT:1900/1C7/KE REQUIRES TICKET ON OR BEFORE
        05OCT:1900/S4-5
  9 OPC SELK1394Z-05OCT:1900/1C8/KE CANCELLATION DUE TO NO
        TICKET/S4-5
  * SP 20SEP/AAGS/SELK1394Z-5SF5LP
```

단체 PNR에서 아직 성명을 입력하지 않은 부분에서 1명, 성명을 입력한 승객 중에서 2, 3번 승객을 분리하려면 두 번째 단계에서 다음과 같이 처리한다.

SP 0.1, 2 - 3

Entry 화면 1

```
> RT1350-2396

--- RLR ---
RP/SELK1394Z/SELK1394Z            AA/GS  20SEP16/1423Z   5SCJKG
1350-2396
0. 12SSC TOUR   NM: 3
  4  KE 703 G 22MAR 3 ICNNRT HN15 1010 1230  22MAR  E  KE/5SCJKG
  5  KE 706 G 30MAR 4 NRTICN HN15 0925 1150  30MAR  E  KE/5SCJKG
  6 AP 031-350-2394 SSC TOUR-A
  7 AP 010-1234-5678 KIM/GUIDE MR
  8 TK OK18SEP/SELK1394Z
  9 SSR GRPF KE GV10
*TRN*

> SP 0.1, 2-3

--- RLR ---
-ASSOCIATE PNR-
RP/SELK1394Z/SELK1394Z            AA/GS  20SEP16/1423Z   XXXXXX
0.  1SSC TOUR   NM: 2
  3  KE 703 G 22MAR 3 ICNNRT HN3  1010 1230  22MAR  E  KE/5SCJKG
  4  KE 706 G 30MAR 4 NRTICN HN3  0925 1150  30MAR  E  KE/5SCJKG
  5 AP 031-350-2394 SSC TOUR-A
  6 AP 010-1234-5678 KIM/GUIDE MR
  7 TK OK18SEP/SELK1394Z
  8 SSR GRPF KE GV10
  9 SSR GRPS YY TCP 15 SSC TOUR
  * SP 20SEP/AAGS/SELK1394Z-5SCJKG
```

단체 총인원 15명에서 성명을 입력하지 않은 승객 1명과 성명을 입력한 승객 중 2명, 총 3명을 분리했으므로 단체의 총인원은 12명으로 줄게 된다.

Entry 화면 1

```
> EF

--- RLR ---
-PARENT PNR-
RP/SELK1394Z/SELK1394Z            AA/GS  20SEP16/1423Z   5SCJKG
1350-2396
0. 11SSC TOUR  NM: 1
  2  KE 703 G 22MAR 3 ICNNRT HN12 1010 1230  22MAR  E  KE/5SCJKG
  3  KE 706 G 30MAR 4 NRTICN HN12 0925 1150  30MAR  E  KE/5SCJKG
  4 AP 031-350-2394 SSC TOUR-A
  5 AP 010-1234-5678 KIM/GUIDE MR
  6 TK OK18SEP/SELK1394Z
  7 SSR GRPF KE GV10
  8 SSR GRPS YY TCP 15 SSC TOUR
  * SP 20SEP/AAGS/SELK1394Z-5SF6CK
*TRN*

> ER

--- AXR RLR ---
RP/SELK1394Z/SELK1394Z            AA/GS  20SEP16/1428Z   5SCJKG
1350-2396
0. 11SSC TOUR  NM: 1
  2  KE 703 G 22MAR 3 ICNNRT HN12 1010 1230  22MAR  E  KE/5SCJKG
  3  KE 706 G 30MAR 4 NRTICN HN12 0925 1150  30MAR  E  KE/5SCJKG
  4 AP 031-350-2394 SSC TOUR-A
  5 AP 010-1234-5678 KIM/GUIDE MR
  6 TK OK18SEP/SELK1394Z
  7 SSR GRPF KE GV10
  8 SSR GRPS YY TCP 15 SSC TOUR
  * SP 20SEP/AAGS/SELK1394Z-5SF6CK
```

역량평가 예상문제 /

1. 배용준 승객명으로 PNR을 조회하는 ENTRY는?

2. 3월 22일 출발하는 항공편에 예약된 최씨 성을 가진 승객의 PNR을 조회하는 ENTRY는?

3. 전체 여정을 취소하는 ENTRY는?

4. 4번 여정의 날짜를 3월 25일로 변경하는 ENTRY는?

5. 3번 여정의 항공편을 KE701편으로 변경하는 ENTRY는?

6. 2번 승객에게 김아기 승객(여, 2019년 10월 10일생)을 추가하는 ENTRY는?

7. 1번 승객이 동반하는 유아의 성명을 삭제하는 ENTRY는?

8. 2번 소아의 생년월일을 2016년 8월 18일로 변경하는 ENTRY는?

9. 다음 조건으로 예약업무를 처리하고 예약번호를 쓰시오.

승객명 : 서대영(남) 윤명주(여)

여　정 : 11월 13일 서울 - 방콕　대한항공

11월 20일 방콕 - 서울　대한항공

연락처 : 010 - 2626 - 3737 서대영

예약 후 윤명주 승객의 귀국일을 11월 22일로 변경

ORIGINAL(PARENT) PNR ADDRESS :

NEW(ASSOCIATE) PNR ADDRESS :

■ 항공용어

- Quarantine : 검역
- Rate : 여행사가 항공사에서 각종의 운임, 요금, 율 등을 말한다.
- Receiving Carrier : 연대운송 시 바꾸어 타는 지점으로부터 운송을 인계받은 항공사
- Reconfirmation : 좌석예약의 재확인. 관광객이 중간 지점에서 72시간 이상 체류하는 경우 항공기 출발 72시간 전까지 부재 또는 계속편에 대한 예약을 재확인하는 규칙
- Refund : 티켓의 미사용분에 대한 금액을 구매자에게 환불해주는 것
- Reissue : 항공권의 재발행. 이미 발행된 항공권을 여정변경, 항공사 변경, 좌석등급변경 등의 사유로 차액을 징수 혹은 지불하여 재발권 해주는 행위
- REP(Representative) : 여행업자 또는 도매업의 주재원, 연락원, 대표 등
- Rerouting : 항공권에 기재된 탑승예정의 경로를 변경하는 것
- Round Trip : 왕복 관광
- Sales Report : 당사 지점 혹은 대리점에서 항공권을 발권했을 때 발권에 관한 명세를 기입하여 본사 수입심사부에 재출하는 보고서
- Sell & Report : 예약판매방법의 하나로서 예약관리부로부터 연락되어 온 예약상황 통보에 의하여 미리 설정된 예약취급 1건마다의 판매한도의 테두리 안에서 판매토록 하여 보고하도록 하는 방법이다.
- Special Fare : 특별요금
- Stand By : go show라고도 하는데 예약없이 지정된 check - in 지역에 나타나서 좌석 상황에 따라 여분의 좌석이 발행했을 때 좌석을 배정받는 것
- Stopover : 도중체류 관광자가 항공회사와의 사전 예정하에 출발지와 목적지의 중간기착지에서 체류함
- SUBLO(Subject To Load) : 사전의 예약이 인정되지 않고 여석이 있을 때 탑승할 수 있는 제도를 말함. 예로써 무상 혹은 할인요금으로 탑승하는 관광자 또는 항공사 직원 등에 적용됨
- Seeing Eye Dog : 맹인을 위한 길잡이개 즉 맹인안내견
- Surface : 여정 중 항공으로 연결되지 않는 구간. 예를 들어 여정이 서울에서 동경을 가서 동경에서 오사카는 기차를 이용하고 오사카에서 서울로 돌아오는 경우 표시는 SEL-TYO X OSA-SEL로 하고 이때 Surface는 동경 - 오사카 구간을 말한다.

학습

4

항공 예약기록 관리하기

항공예약

TOPAS Sell Connect

[학습 4] 항공 예약기록 관리하기

[학습 1] 항공 조회하기	[학습 2] 항공 예약하기	[학습 3] 항공 예약 변경하기

1-1 PNR, 항공권 판독

학습목표	예약기록(PNR)과 발행된 항공권의 내용을 판독할 수 있다.

필요지식 /

1 PNR 판독

```
--- RLR ---
RP/SELK1394Z/SELK1394Z            AA/GS   18SEP16/1550Z   5SCH6Z
0350-2394
  1.YOO/SIJINMR    2.KANG/MOYEONMS(INFYOO/AGIMSTR/27AUG16)
  3.YOO/SOAHMISS(CHD/15SEP10)
  4  KE 613 K 22MAR 3 ICNHKG HK3  1100 1405  22MAR  E  KE/5SCH6Z
  5  KE 604 K 30MAR 4 HKGICN HK3  1205 1645  30MAR  E  KE/5SCH6Z
  6 AP 031-350-2394 SSC TOUR-A
  7 AP 010-3333-6666-M/P1
  8 TK OK18SEP/SELK1394Z
  9 SSR INFT KE HK1 YOO/AGIMSTR 27AUG16/S4/P2
 10 SSR INFT KE HK1 YOO/AGIMSTR 27AUG16/S5/P2
 11 SSR CHLD KE HK1 15SEP10/P3
 12 SSR BBML KE HK1/S4/P2
 13 SSR BBML KE HK1/S5/P2
 14 SSR CHML KE HN1 PIZZA/S4/P3
 15 SSR CHML KE HN1 PIZZA/S5/P3
 16 OSI KE NATIONAL SOCCER PLAYER/P1
 17 OPW SELK1394Z-30SEP:1900/1C7/KE REQUIRES TICKET ON OR BEFORE
        02OCT:1900/S4-5
 18 OPC SELK1394Z-02OCT:1900/1C8/KE CANCELLATION DUE TO NO
        TICKET/S4-5
```

SELK1394Z	Office ID
AA/SU	Agent Sign / Duty Code
18SEP16/1550Z	PNR 작성 또는 최종 업데이트 날짜와 시간
5SCH6Z	문자+숫자형 예약번호(다른 CRS에서 조회할 때)
0350 - 2394	전화번호형 예약번호(TOPAS에서만 조회할 때)
1 ~ 3	승객 성명과 생년월일
4 ~ 5	항공구간
6 ~ 7	여행사 이름과 전화번호, 승객 1번의 전화번호
7	여행사 발권시한
9 ~ 10	유아 생년월일(항공사로부터 응답 받음 HK1)
11	소아 생년월일(항공사로부터 응답 받음 HK1)
12 ~ 13	유아용 기내식 신청(항공사로부터 응답 받음 HK1)
14 ~ 15	소아용 기내식 신청(항공사로부터 응답 받음 HK1)
16	승객정보(항공사로부터 응답 없음)
17 ~ 18	항공사 발권시한
	OPW: Optional Warning Element
	OPC: Optional Cancellation Element
	KE/AF/GA/JJ/PZ/MS/SQ/MI/OZ는 Queue Option Indicators를 사용하는 항공사이므로 저장하면 OPW, OPC가 생긴다.

(주)온라인투어

ONLINE TOUR CO., LTD. (Tel 02-3705-8282 , Fax 02-6919-2795)

e-Ticket Itinerary & Receipt

Provided by TOPAS

1339 / 13SEP16

승객성명	Passenger Name	JUNG/CHUNBONG MS
예약번호	Booking Reference	6267-9830
항공권번호	Ticket Number	1801008934272

여정 Itinerary

편명 Flight KE0093 (예약번호:33URMF) Operated by KE(KOREAN AIR)

출발 Departure	서울(ICN/Incheon intl)	07OCT16(금)	10:30	Local Time	Terminal No. : -
도착 Arrival	워싱턴(IAD/Dulles)	07OCT16(금)	11:15	Local Time	Terminal No. : -

예상비행시간	Flight Time	13H 45M	SKYPASS 마일리지	SKYPASS Miles	6944
예약등급	Class	U (일반석)	항공권 유효기간	Not Valid Before	-
좌석 타입	Seat Type	-		Not Valid After	07APR17
예약상태	Status	OK (확약)	수하물	Baggage	2PC
운임	Fare Basis	ELXEKA/AP21			
기종	Aircraft Type	BOEING 777-300ER			

편명 Flight KE0094 (예약번호:33URMF) Operated by KE(KOREAN AIR)

출발 Departure	워싱턴(IAD/Dulles)	21OCT16(금)	13:35	Local Time	Terminal No. : -
도착 Arrival	서울(ICN/Incheon intl)	22OCT16(토)	17:10	Local Time	Terminal No. : -

예상비행시간	Flight Time	14H 35M	SKYPASS 마일리지	SKYPASS Miles	6944
예약등급	Class	U (일반석)	항공권 유효기간	Not Valid Before	-
좌석 타입	Seat Type	-		Not Valid After	07APR17
예약상태	Status	OK (확약)	수하물	Baggage	2PC
운임	Fare Basis	ELXEKA/AP21			
기종	Aircraft Type	BOEING 777-300ER			

* 할인 또는 무임 항공권의 경우 예약 등급에 따라 마일리지 적립률이 상이하거나 마일리지가 제공되지 않습니다.
* 항공기 기종은 사전고지 없이 항공사 사정으로 변경될 수 있습니다. 또한 항공기 교체 등의 부득이한 사유로 선택하신 좌석이 변경될 수 있으니 탑승수속 시 기종 및 좌석번호를 재확인해 주시기 바랍니다.
* 모든 정보는 항공사나 공항 사정에 의해서 변경될 수 있습니다.
* 수하물 정책 - 미국을 여행하시는 승객은 아래 사이트를 방문해 주시기 바랍니다:
  대한항공

항공권 운임정보 Ticket/Fare Information

연결항공권	Conj.Ticket No.	-
운임산출내역	Fare Calculation	SEL KE WAS797.55KE SEL797.55NUC1595.10END ROE1159.796000 XF IAD4.5
Tour Code	Tour Code	6SDQNIEDLA
산출운임	Fare Amount	KRW 1850000 (Paid Amount KRW 1250000)
지불화폐	Equiv. Fare Paid	
세금/항공사 부과 금액	Taxes/Carrier-imposed Fees	Paid Amount KRW 96400
* 세금	Taxes	KRW 28000BP 6100YC 19500US 19500US 4400XA 7700XY 6200AY 5000XF
* 유류할증료	Fuel Surcharge	KRW
부가수수료	Service Fees	0
총산출금액	Total Amount	KRW 1946400 (Total Paid Amount KRW 1346400)
지불수단	Form of Payment	CASH CCVI XXXXXXXXXXXX0162 / 0620/00
발행일 발행처	e-Ticket Issue Date/Place	12SEP2016 / 17317451 / SELK131MA

* 지불금액은 (Total Paid Amount)에 표기된 금액을 확인하시기 바랍니다.

수하물 규정 안내 Baggage Information

ICNIAD

첫번째 위탁 수하물	: FREE OF CHARGE (UPTO50LB 23KG AND62LI 158LCM)
두번째 위탁 수하물	: FREE OF CHARGE (UPTO50LB 23KG AND62LI 158LCM)
기내 휴대 수하물 정보	: ICNIAD Default Carry On Baggage

Link : 대한항공

IADICN

첫번째 위탁 수하물	: FREE OF CHARGE (UPTO50LB 23KG AND62LI 158LCM)
두번째 위탁 수하물	: FREE OF CHARGE (UPTO50LB 23KG AND62LI 158LCM)
기내 휴대 수하물 정보	: IADICN Default Carry On Baggage

Link : 대한항공

승객성명은 정천봉이며, 예약번호는 6267 - 9830이다. 발권된 항공권 번호는 1801008934272이다. 승객은 인천국제공항에서 KE093편으로 2016년 10월 7일 10시 30분 출국하여 13시간 45분 동안 비행하여 같은 날 11시 35분에 미국 워싱턴 덜레스공항(IAD)에 도착한다. 승객의 BOOKING CLASS는 U이며 운임은 ELXEKA/AP21을 사용하였다. 이 항공권의 유효기간은 2017년 4월 7일까지 이며 무료수하물 허용량은 2개이다. 승객은 2016년 10월 21일 오후 1시 35분 미국 워싱턴 덜레스 공항을 출발하여 14시간 35분동안 비행하여 10월 22일 오후 5시 30분 인천국제공항에 도착한다.

승객의 항공운임은 185만원이며 각종 세금을 합쳐 1,946,400원이 산출되었다. 6SDQNIEDLA의 할인코드를 적용하여 총 1,346,400원을 결제하였다. 승객은 카드로 결제하였으며, 2016년 9월 12일에 온라인투어(17317451)에서 항공권을 결제하고 발권하였다.

1-2 예약코드

학습목표	예약코드의 종류를 알고 상태코드로 변경할 수 있다.

필요지식 /

1 예약코드의 개념

승객의 좌석을 예약하는 과정은 CRS 시스템에서 관리하고 있는 좌석재고(inventory)를 코드를 통해 요청하고(Action Code), 그에 대한 응답을 받아(Advice Code) 응답받은 상태를 확정하고 유지하는(Status Code) 과정으로 이루어진다. 즉 예약코드란 항공사와 항공사, 항공사와 대리점 간에 좌석 확보 상황에 대하여 의사소통하는 도구라고 할 수 있다. 이 코드는 IATA에서 정해놓은 여러 가지 코드를 전 세계 항공사가 공통적으로 사용하고 있다.

구분	설명
요청코드(Action Code)	여행사 → 항공사, 항공사 → 항공사 좌석을 요청
응답코드(Advice Code)	항공사 → 여행사, 항공사 → 항공사 요청한 좌석에 대해 응답
상태코드(Status Code)	발권을 위해서 항공사의 응답에 대한 상태를 확정

2 예약 코드의 종류

1. 요청코드(ACTION CODE)

코드	설명
DK	좌석 판매 Confirm
DW	대기자 요청
NN	Need. Reply Required Indicating Action Taken Using Appropriate Code 좌석을 요청하는 기본 코드
SS	Authorized Sell, 좌석을 판매한 상태
PK	다른 GDS에서 예약한 여정을 발권하기 위해 사용하는 코드
SG	단체예약 시 사용하는 좌석요청코드
PE	Priority Waitlist, 대기자 좌석 요청(1A SUA만)

2. 응답코드(ADVICE CODE)

코드	설명
KK	Confirming, 요청한 내용이 OK되었음
KL	Confirming From Waiting List, 대기자 명단에 있던 승객이 대기자로부터 좌석이 OK되었음
UU	Unable - Have Waitlisted, 요청한 내용이 불가하며 대기자 명단에 있음
US	Unable to Accept Sale. Flight, Class, Date, Segment Closed, Have Waitlisted Sell & Report Agreement에 의거 좌석을 판매하였으나, 해당 항공사가 받아들이지 않아 대기자 명단에 올라있다.
UC	Unable to Confirm or Waitlist, Unable to Accept, Request, Waitlist or Sale, 요청한 내용의 대기자도 불가함
UN	Unable, Flight Does Not Operate or Special Service Not Provided, 요청한 비행편이 운항을 하지 않거나 요청한 서비스가 제공되지 않음
NO	No Action Taken, 요청사항이 잘못되었거나 기타의 이유로 Action을 취하지 않았음을 통보. Action을 취하지 않은 경우 이유는 Fact 항목에서 확인할 수 있다.
TK	출발시간 변경이나 FLT NO가 변경되어 변경된 SKD로 OK되었음 주로 UN/TK가 함께 보임(HK→UN→TK)
TL	기존 대기 상태에서 출발시간 변경이나 FLT NO가 변경되어 변경된 SKD로 대기자 명단에 올라갔음(HL→UN→TL)
HX	Have Cancelled, 항공사에 의해 여정이 취소되었음. 주로 TTL 경과, ARR INFO 부재, Name CHNG 등 예약규정에서 벗어난 예약인 경우 항공사에서 사전 정리할 목적으로 사용하며, Fact 항목에서 이유를 확인할 수 있다.

3. 상태코드(STATUS CODE)

코드	설명
HK	Holding Confirmed 예약이 확약되어 있는 상태
HL	Have Waitlisted, 예약이 대기자 명단에 올려 있는 상태
RR	Reconfirmed, 예약 재확인까지 마친 상태

4. 기타 코드

코드	설명
DL	Deleted from Confirming List, 항공사에서 좌석요청에 대하여 KL로 응답하였으나 상태 코드로 변경하지 않아 다시 대기자로 되돌려짐
HN	Holding Nees, Pending For Reply 항공사에 좌석을 요청하고 응답이 오기까지 유지하는 코드로서 단체예약의 경우 SG로 좌석을 요청하면 HN으로 유지됨

3 예약 코드의 흐름도

요청코드	응답코드	상태코드
DK		HK, RR
SS		HK
SS		HK - UN - TK
SS	US	HL
SS	US	XE
NN – HN	KK	HK
NN – HN	UU	HL - KL - HK └ DL - HL
DW		HL
DW		HL - UN - TL

4 상태코드로 변경하는 방법

응답코드를 상태코드로 변경하여 현재 요청한 좌석의 상태를 정리해야 한다. 상태코드로 정리하는 방법은 두 가지가 있다.

1. 자동 정리

ETK

상태코드 자동정리 + PNR 작성

ERK

상태코드 자동정리 + PNR 저장 + PNR 조회

2. 수동 정리

2/HK

여정번호 + /변경할 상태코드

1-3 PNR HISTORY

학습목표	PNR HISTORY를 판독할 수 있다.

필요지식 /

1 PNR HISTORY의 개념

PNR HISTORY란 PNR을 작성한 이후, 변경한 모든 내역과 승객이 탑승한 여정에 대한 기록이다. 1번의 Transaction 단위로 작업한 내용이 번호(Step Number 000, 002)로 구분되어 기록되어 있다.

000　　최초 PNR 작업 시 작업내용

001　　PNR 저장 후 최초로 변경한 내용

000/002 변경 내용이 수정이나 삭제일 경우 최초 기록 생성 시의 입력된 순서 000/수정, 삭제 시 순서 002

2 PNR HISTORY CODE

구 분		설 명
ON	Original Name	최초로 입력한 이름
OS	Original Segment	최초로 입력한 구간
OR	Original SSR	최초로 입력한 서비스사항(SSR)
RF	Received From	예약이나 변경 의뢰자
SA	Added SSR	추가한 서비스사항
XS	Cancelled Segment	취소한 구간
AS	Added Segment	추가한 구간
SP	Split Party	PNR이 SPLIT 되었음

3 PNR HISTORY 조회

RH

Queue History를 제외한 전체 History 조회

RHQ

Queue History 조회

RH/ALL

RH와 RHQ 함께 조회

RHI

여정 부분만 조회

RHJ

전화번호 부분만 조회

RHN

이름 부분만 조회

RHS*

Active Segment만 조회, *는 Segment Number

4 PNR HISTORY 판독

Entry 화면 1

```
> RH

RP/SELK1394Z/SELK1394Z            RS/SU  30SEP16/1000Z   5SCH6Z
     000 ON/KANG/MOYEONMS(INFYOO/AGIMSTR/27AUG16) YOO/SIJINMR
         YOO/SOAHMISS(CHD/15SEP10)
     000 OS/KE 613 K 22MAR 3 ICNHKG LK3 1100 1405/NN *1A/E*
     000 OS/KE 604 K 30MAR 4 HKGICN LK3 1205 1645/NN *1A/E*
     000 OP/AP 031-350-2394 SSC TOUR-A
     000 OP/AP 010-3333-6666-M/YOO/SIJINMR
     000 RO/RSVN/KE/0350-2394
     000 OT/TKOK 18SEP/SELK1394Z
     000 OR/SSR INFTKEHK1 YOO/AGIMSTR 27AUG16/KE 613 K 22MAR
         ICNHKG/KANG/MOYEONMS(INFYOO/AGIMSTR/27AUG16)
     000 OR/SSR INFTKEHK1 YOO/AGIMSTR 27AUG16/KE 604 K 30MAR
         HKGICN/KANG/MOYEONMS(INFYOO/AGIMSTR/27AUG16)
     000 OR/SSR CHLDKEHK1 15SEP10/YOO/SOAHMISS(CHD/15SEP10)
     000 OR/SSR BBMLKEHK1/KE 613 K 22MAR ICNHKG/KANG/MOYEONMS(
         INFYOO/AGIMSTR/27AUG16)
     000 OR/SSR BBMLKEHK1/KE 604 K 30MAR HKGICN/KANG/MOYEONMS(
         INFYOO/AGIMSTR/27AUG16)
     000 OR/SSR CHMLKEHN1 PIZZA/KE 613 K 22MAR ICNHKG/YOO/
         SOAHMISS(CHD/15SEP10)
     000 OR/SSR CHMLKEHN1 PIZZA/KE 604 K 30MAR HKGICN/YOO/
         SOAHMISS(CHD/15SEP10)
```

1-4 마일리지, 회원관리

학습목표	마일리지 회원을 관리할 수 있다.

필요지식 /

1 마일리지 적립(FQTV: Frequent Flyer Information)

승객이 항공사를 이용한 마일리지를 적립하기 위해서 항공사의 마일리지 카드 번호를 입력해 놓으면 체크인을 할 때 마일리지가 자동으로 적립된다.

1. 마일리지 카드번호로 조회

FFD6X – 1234567

FFD + 가입항공사 코드 – 마일리지 회원번호

Entry 화면 1

```
> FFD6X-1234567

1234567
MARSHALL/DAVID MR
```

2. 생년월일과 이름으로 마일리지 회원 번호 조회

ENTER KE

마일리지 회원 조회모드로 들어감

SK*RLB/생년월일(YYYYMMDD)/PARK/SUNAM

EXIT

다시 예약모드로 돌아옴

Entry 화면 1

```
>  ENTERKE

WELCOME to KE

>  SK*RLB/YYYYMMDD/PARK/SUNAM

NOT AUTHORIZED IN THIS OFFICE

>  EXIT

OK
```

3. 항공사에서 FQTV 정보를 제공하는 경우

FFA6X - 1234567

FFA + 항공사 코드 - 회원번호

마일리지 회원번호를 입력하면 승객명과 마일리지 적립을 위한 회원번호가 자동으로 PNR에 입력된다.

Entry 화면 1

```
>  FFA6X-1234567

RP/SELK1394Z/
  1.MARSHALL/DAVID MR
  2 *SSR FQTV YY HK/ 6X1234567
```

4. 항공사에서 FQTV 정보를 제공하지 않은 경우

FFNAA – 2223333

승객명을 먼저 입력한 후 FFN으로 마일리지 회원번호를 입력해 준다.

Entry 화면 1

```
> NM1KIM/MIYOUNGMS

RP/SELK1394Z/
  1.KIM/MIYOUNGMS

> FFNAA-2223333

RP/SELK1394Z/
  1.KIM/MIYOUNGMS
  2 SSR FQTV AA HK/ AA2223333
```

5. 탑승항공사와 회원가입 항공사가 다른 경우

FFN AA – 2223333,BA

AA: 가입항공사, BA: 탑승항공사

Entry 화면 1

```
> FFNAA-2223333,BA

RP/SELK1394Z/
  1.KIM/MIYOUNGMS
  2 SSR FQTV BA HK/ AA2223333
```

6. 특정 항공사와 마일리지 협정 제휴 항공사 리스트

VFFDKE

VFFD + 확인하고자 하는 항공사 코드

Entry 화면 1

```
> VFFD KE

VFFDKE

FF AGREEMENTS                                    KE AGREEMENTS: 031
--------------------------------------------------------------------
KE.  / AA. AE. AF. AM. AR. AS. AZ. CI. CZ. DL. EK. EY. FM. GA.
       G3. HA. HV. KL. KQ. ME. MF. MU. NW. OK. RO. SU. SV. UX.
       VE. VN. 9W.
```

7. 성수기 조회

ENTERKE

조회모드로 들어감

SK*RTE/ICNLAX

SK*RTE/조회구간

대한항공의 성수기 기간이 조회되었다.

```
Entry 화면 1
> ENTERKE

WELCOME to KE

> SK*RTE/ICNLAX

SKYPASS HIGH SEASON PERIOD        -- DEP FR ICN / ARR IN LAX
--------------------------------------------------------------
SEQ    FR-DATE      TO-DATE      CARR
--------------------------------------------------------------
1      01JAN2016 - 03JAN2016     KE
2      05FEB2016 - 10FEB2016     KE
3      15JUL2016 - 21AUG2016     KE
4      13SEP2016 - 19SEP2016     KE
5      21DEC2016 - 31DEC2016     KE
6      01JAN2017 - 01JAN2017     KE
7      26JAN2017 - 31JAN2017     KE
8      14JUL2017 - 19AUG2017     KE
9      30SEP2017 - 10OCT2017     KE
10     21DEC2017 - 31DEC2017     KE
```

8. 적립마일리지율 조회

ENTERKE

조회모드로 들어감

SK*RTA/KE

SK*RTE/항공사코드

대한항공의 마일리지 적립률이 조회되었다.

Entry 화면 1

```
>  SK*RTA/KE

CARR    CLASS    FR-DATE      TO-DATE     RATE    DOM
-----------------------------------------------------
KE        A      01APR2009    OPEN           0    DOM
KE        A      01APR2009    OPEN           0
KE        B      01APR2008    OPEN         100    DOM
KE        B      01APR2008    OPEN         100
KE        C      01JAN1984    OPEN         125    DOM
KE        C      01JAN1984    OPEN         125
KE        D      01MAR2012    OPEN         125    DOM
KE        D      01MAR2012    OPEN         125
KE        E      01JAN1984    OPEN         100    DOM
KE        E      01JAN1984    OPEN         100
KE        F      01JAN1984    OPEN         150    DOM
KE        F      01JAN1984    OPEN         150
KE        G      01JAN1984    OPEN          80    DOM
KE        G      01JAN1984    OPEN          80
KE        H      01JAN1984    OPEN         100    DOM
```

9. 특정 구간 마일리지 조회

SK*RTM/GMPPUS

김포(GMP) - 부산(PUS) 구간의 마일리지가 조회되었다.

Entry 화면 1

```
>  SK*RTM/GMPPUS

PORTION     MILE     FR-DATE      TO-DATE     CARR
GMP-PUS      214     01APR2001    OPEN          DL
GMP-PUS      215     19NOV2012    OPEN          KE
```

1-5 사전좌석배정

학습목표	승객이 선호하는 좌석을 배정할 수 있다.

필요지식 /

1 사전좌석배정의 개념

사전좌석배정이란 공항에서 탑승할 때 좌석을 배정하지 않고 예약할 때 미리 좌석번호를 지정해 주는 것으로 SEAT MAP을 제공하는 항공사만 사전좌석배정을 할 수 있다.

2 사전좌석배정 처리

1. 항공사별 SEAT MAP 기능 확인

GGPCA AF

AF 항공사의 기능 제공 여부 확인

Entry 화면 1

```
> GGPCAAF

PARTICIPATING CARRIER ACCESS AND FUNCTION LEVEL
AF  -  AIR FRANCE

                                   ALTEA RESERVATION :  YES
     ACCESS INDICATOR :  /       RECORD LOCATOR RETURN :  ALL
LAST SEAT AVAIL INDIC :  /      CARRIER PREFERRED DISP :  ALL
      STANDARD ACCESS :          BOOKING RANGE IN DAYS :  361
  AMADEUS ACCESS SELL :  YES      INTERACTIVE SEAT MAP :  YES
 DYNAMIC SCHEDULE UPD :  YES           INTERACTIVE ASR :  YES
 NUMERIC AVAIL UPDATE :  YES            ASR DAYS/HOURS :  361/00
AMADEUS DYNAMIC AVAIL :  YES       BP ISSUE DAYS/HOURS :  000/03
        DIRECT ACCESS :

 PASSIVE SEGMENT:        PASSIVE NOTIFY:          PNR CLAIM:
 SERVICE SEGMENT:        DELETE SEGMENT:         TICKETLESS:
 MEAL VALIDATION:        FREQUENT FLYER: Y             EPAY:
```

GGAIRAF SEAT

AF 항공사에서 제공하는 SEAT ASSIGN 정보 확인

Entry 화면 1

```
> GGAIRAFSEAT

                                                 EN   2JUL12 1000Z
                                          UPDATED BY PARUGAF - JH.UG
 .
 SEAT MAP          : SEE SM TRANSACTION TYPING **  HE SM   **
 ----------------------------------------------------------
 SEAT REQUEST
 .
 AFTER SM DISPLAY : SEE ST TRANSACTION TYPING **  HE ST   **
 OR HE SEAT
 IF NO SM DISPLAY : AIRIMP TRANSACTION CODES :
 .
 ST/NSST/P1  FOR NON-SMOKING SEAT
 ST/NSSA/P1           //     AISLE  SEAT
 ST/NSSB/P1           //     BULKHEAD SEAT
 ST/NSSW/P1           //     WINDOW SEAT
 : ALL AF FLIGHTS ARE NON-SMOKING FLIGHTS
 .
 ST/SMST/P1  FOR SMOKING SEAT
 ST/SMSA OR SMSB OR SMSW     AS ABOVE
```

2. PNR 조회 후 SEAT ASSIGN

RT8350 - 2394

PNR 조회

Entry 화면 1

```
> RT8350-2394

--- RLR ---
RP/SELK1394Z/SELK1394Z              AA/SU  17SEP16/0056Z   5SBUQW
8350-2394
  1.LEE/DONGKUKMR   2.LEE/SOOAHMISS(CHD/18JUL13)
  3.LEE/SOOJINMS(INFLEE/SEANMSTR/14NOV15)
  4  SQ 603 Y 22MAR 3 ICNSIN HK3  0010 0600  22MAR  E  SQ/5SBUQW
  5  SQ 608 Y 30MAR 4 SINICN HK3  0010 0745  30MAR  E  SQ/5SBUQW
  6 AP 031-350-2394 SSC TOUR-A
  7 AP 010-2345-6789-M
  8 AP 010-2345-6789-M/P3
  9 AP 02-2222-3333-H
 10 AP 02-2222-3333-B
 11 AP AAA@SSC.CO.KR-E
 12 TK OK17SEP/SELK1394Z
 13 SSR CHLD SQ HK1 18JUL13/P2
 14 OPW SELK1394Z-05FEB:0100/1C7/SQ REQUIRES TICKET ON OR BEFORE
        08FEB:0100/S4-5
 15 OPC SELK1394Z-08FEB:0100/1C8/SQ CANCELLATION DUE TO NO
        TICKET/S4-5
```

SM4/V

4번 여정(ICN - SIN)의 SEAT MAP 세로 타입으로 조회(가로 타입은 /H)

Entry 화면 1

```
> SM4/V

SM SQ 0603/Y/22MARICNSIN/V                                  /S004/
SM SQ  0603  Y 22MAR ICNSIN        333
        A  C     D  E  F  G     H  K
Y 31    /  /     /  /  /  /     /  /   31 Y
  32    /  /     /  /  /  /     /  /   32
  33    /  /     /  /  /  /     /  /   33
  34    /  /     /  /  /  /     /  /   34
  35    /  /     /  /  /  /     /  /   35
  36    .  H     H  .  .  H     H  .   36
  37    .  H     H  .  .  H     H  .   37
  38    .  H     H  .  .  H     H  .   38
  39    .  H     H  .  .  H     H  .   39
  40    .  H     H  .  .  H     H  .   40
  41    .  H     H  .  .  H     H  .   41
  42    .  H     H  .  .  H     H  .   42
  43    .  H     H  .  .  H     H  .   43
        A  C     D  E  F  G     H  K
. AVAILABLE   <> WING      F GEN FACI   K GALLEY   E EXIT     C COT
+ OCCUPIED    - LAST OFF   H HANDICAP   Q QUIET    G GROUPS   P PET
/ RESTRICTED  B BULKHEAD   V PREF.SEAT  X BLOCKED  L LEGROOM  U UMNR
```

ST/36D/S4/P1

4번 여정(ICN - SIN)에 대해 1번 승객을 36번열 D석으로 좌석배정

Entry 화면 1

```
> ST/36D/S4/P1

--- RLR ---
RP/SELK1394Z/SELK1394Z            AA/SU  17SEP16/0056Z   5SBUQW
8350-2394
  1.LEE/DONGKUKMR    2.LEE/SOOAHMISS(CHD/18JUL13)
  3.LEE/SOOJINMS(INFLEE/SEANMSTR/14NOV15)
  4  SQ 603 Y 22MAR 3 ICNSIN HK3  0010 0600  22MAR  E  SQ/5SBUQW
  5  SQ 608 Y 30MAR 4 SINICN HK3  0010 0745  30MAR  E  SQ/5SBUQW
  6 AP 031-350-2394 SSC TOUR-A
  7 AP 010-2345-6789-M
  8 AP 010-2345-6789-M/P3
  9 AP 02-2222-3333-H
 10 AP 02-2222-3333-B
 11 AP AAA@SSC.CO.KR-E
 12 TK OK17SEP/SELK1394Z
 13 SSR RQST SQ HK1 ICNSIN/36DN,P1/S4    SEE RTSTR
 14 SSR CHLD SQ HK1 18JUL13/P2
 15 OPW SELK1394Z-05FEB:0100/1C7/SQ REQUIRES TICKET ON OR BEFORE
        08FEB:0100/S4-5
 16 OPC SELK1394Z-08FEB:0100/1C8/SQ CANCELLATION DUE TO NO
        TICKET/S4-5
```

13번에 좌석을 배정한 내용이 입력되었다.

ST/36DEF/S4

4번 여정(ICN - SIN)에 대해 3좌석을 36DEF로 좌석을 배정

Entry 화면 1

```
>  ST/36DEF/S4

--- RLR ---
RP/SELK1394Z/SELK1394Z            AA/SU  17SEP16/0056Z   5SBUQW
8350-2394
  1.LEE/DONGKUKMR    2.LEE/SOOAHMISS(CHD/18JUL13)
  3.LEE/SOOJINMS(INFLEE/SEANMSTR/14NOV15)
  4  SQ 603 Y 22MAR 3 ICNSIN HK3  0010 0600  22MAR  E  SQ/5SBUQW
  5  SQ 608 Y 30MAR 4 SINICN HK3  0010 0745  30MAR  E  SQ/5SBUQW
  6 AP 031-350-2394 SSC TOUR-A
  7 AP 010-2345-6789-M
  8 AP 010-2345-6789-M/P3
  9 AP 02-2222-3333-H
 10 AP 02-2222-3333-B
 11 AP AAA@SSC.CO.KR-E
 12 TK OK17SEP/SELK1394Z
 13 SSR RQST SQ HK3 ICNSIN/36DN,P1/36EN,P2/36FN,P3/S4   SEE
              /// RTSTR
 14 SSR CHLD SQ HK1 18JUL13/P2
 15 OPW SELK1394Z-05FEB:0100/1C7/SQ REQUIRES TICKET ON OR BEFORE
        08FEB:0100/S4-5
 16 OPC SELK1394Z-08FEB:0100/1C8/SQ CANCELLATION DUE TO NO
```

13번에 좌석을 배정한 내용이 입력되었다.

ST/A/S4 - 5/P1

4, 5번 여정에 대해 1번 승객에게 좌석번호 없이 복도쪽 좌석(A) 요청

Entry 화면 1

```
> ST/A/S4-5/P1

--- RLR ---
RP/SELK1394Z/SELK1394Z              AA/SU  17SEP16/0056Z   5SBUQW
8350-2394
  1.LEE/DONGKUKMR   2.LEE/SOOAHMISS(CHD/18JUL13)
  3.LEE/SOOJINMS(INFLEE/SEANMSTR/14NOV15)
  4  SQ 603 Y 22MAR 3 ICNSIN HK3  0010 0600  22MAR  E  SQ/5SBUQW
  5  SQ 608 Y 30MAR 4 SINICN HK3  0010 0745  30MAR  E  SQ/5SBUQW
  6 AP 031-350-2394 SSC TOUR-A
  7 AP 010-2345-6789-M
  8 AP 010-2345-6789-M/P3
  9 AP 02-2222-3333-H
 10 AP 02-2222-3333-B
 11 AP AAA@SSC.CO.KR-E
 12 TK OK17SEP/SELK1394Z
 13 SSR NSST SQ HK1 ICNSIN/53D,P1/S4   SEE RTSTR
 14 SSR NSST SQ HK1 SINICN/53D,P1/S5   SEE RTSTR
 15 SSR CHLD SQ HK1 18JUL13/P2
 16 OPW SELK1394Z-05FEB:0100/1C7/SQ REQUIRES TICKET ON OR BEFORE
        08FEB:0100/S4-5
 17 OPC SELK1394Z-08FEB:0100/1C8/SQ CANCELLATION DUE TO NO
```

SEAT MAP을 제공하지 않는 항공사의 사전좌석배정

ST/NSSW

좌석을 NSSW(No Smoking Window Seat)로 배정

역량평가 예상문제 /

1. 다음 중 상태코드가 아닌 것은?

① HL ② HK ③ RR ④ UU

2. 다음 중 대기자 명단에서 좌석이 OK 되었음을 나타내는 응답코드는?

① KK ② DL ③ KL ④ UC

3. 상태코드로 자동 정리하는 ENTRY는?

4. 다음 예약코드의 흐름도에서 (　　　)에 들어갈 코드는?

NN - UU - HL - (　　　) - HK

5. 다음 PNR 판독에 대한 설명으로 틀린 것은?

```
--- RLR ---
RP/SELK1394Z/SELK1394Z          AA/GS  18SEP16/1550Z   5SCH6Z
0350-2394
  1.YOO/SIJINMR   2.KANG/MOYEONMS(INFYOO/AGIMSTR/27AUG16)
  3.YOO/SOAHMISS(CHD/15SEP10)
  4  KE 613 K 22MAR 3 ICNHKG HK3  1100 1405  22MAR  E  KE/5SCH6Z
  5  KE 604 K 30MAR 4 HKGICN HK3  1205 1645  30MAR  E  KE/5SCH6Z
  6 AP 031-350-2394 SSC TOUR-A
  7 AP 010-3333-6666-M/P1
  8 TK OK18SEP/SELK1394Z
  9 SSR INFT KE HK1 YOO/AGIMSTR 27AUG16/S4/P2
 10 SSR INFT KE HK1 YOO/AGIMSTR 27AUG16/S5/P2
 11 SSR CHLD KE HK1 15SEP10/P3
 12 SSR BBML KE HK1/S4/P2
 13 SSR BBML KE HK1/S5/P2
 14 SSR CHML KE HN1 PIZZA/S4/P3
 15 SSR CHML KE HN1 PIZZA/S5/P3
 16 OSI KE NATIONAL SOCCER PLAYER/P1
 17 OPW SELK1394Z-30SEP:1900/1C7/KE REQUIRES TICKET ON OR BEFORE
        02OCT:1900/S4-5
 18 OPC SELK1394Z-02OCT:1900/1C8/KE CANCELLATION DUE TO NO
        TICKET/S4-5
```

① 2016년 9월 18일에 PNR이 작성되었다.

② 유아식과 소아식을 신청하였다.

③ 1번 승객은 국가대표 축구선수이다.

④ 좌석은 OK로 확정되었다.

⑤ 총탑승객은 3명이다.

⑥ 예약번호는 5SCH6Z와 0350 - 2394이다.

⑦ BOOKING CLASS는 K CLASS이다.

⑧ 목적지는 홍콩이다.

▪ 항공용어

- Tariff : 항공관광자 요금이나 화물요율 및 그들의 관계 규정을 수록해놓은 요금요율책자
- Through Check-In : 단일 항공편으로 관광일정이 끝나지 않고 접속 항공편을 가지고 있는 관광자의 경우 수하물을 최종항공편의 목적지까지 부치는 것을 말한다.
- Through Fare : 출발지점에서 종착지점까지 일괄 관광자요금
- Ticketing Time Limit(T/L) : 항공권 발권 시한. 예약신청 후 출발 전 일정시점까지 항공권을 구입하지 않았을 때에는 예약이 취소된다.
- Time Difference : 국가와 국가 사이 지역과 지역 간의 시차를 말한다.
- Tour Conductor(T/C) : 단체에 수행하여 일을 돌보는 인솔자. 일반적으로 관광자가 10명 이상 15명까지의 경우는 인솔자의 요금을 반액으로 하고, 15명 이상은 무료이다.
- Transfer : 최종목적지까지 가기 위해서 중간기착지에서 비행기를 갈아타는 것을 말한다.
- Trip Without Visa(TWOV) : 무사증 단기체류의 준말이며 관광자가 규정된 조건하에서 입국사증 없이 어느 나라에 입국하여 짧은 기간 동안 체류할 수 있는 편의를 말한다.
- Unaccompanied Minor(U/M) : 통상 UM이라 하며 3개월 이상 12세 미만의 유아나 어린이로 성인보호자가 동반치 않고 단독 항공관광을 할 경우이다.
- Unchecked Baggage : hand baggage와 동의어로서 의탁하지 않고 자신이 기내에 가지고 들어가는 수하물
- Validator : 항공권에 압인하는 STAMP. 발행 항공회사명, 발행연월일 등이 자인되어 있고 이 stamp가 없는 항공권은 유효로 인정하지 않음
- Wave : 규정에서는 벗어나지만 요금, 일정 등의 규정 위배 부분을 묵인하고 승인해주는 것
- Wholesaler : 여행사품의 도매업자
- Yellow Card : 예방접종 증명서

보충
학습

ABACUS(SABRE) 예약
항공사의 발전과 시장동향

1-1 ABACUS(SABRE) 예약

1. DECODE와 ENCODE

(1) DECODE

W/*PAR

도시이름 조회

W/*NRT

공항이름 조회

W/*OZ

항공사 이름 조회

W/EQ*74M

기종 이름 조회

HCC WA

주 이름 조회

HCCC/US

국가이름 조회

```
>W/*PAR
PAR PARIS, FRANCE
>W/*NRT
NRT TOKYO NARITA, JAPAN
>W/*OZ
 OZ-988 ASIANA AIRLINES/ASIANA AIRLINES
>W/EQ*74M
74M  MIXED PSGR FREIGHTER JET  BOEING 747
     238 STD SEATS
>HCC WA
 WA WASHINGTON
>HCCC/US
 US UNITED STATES
```

(2) ENCODE

W/ - CC TAIPEI

도시 코드 조회

W/ - AP NARITA

공항코드 조회

W/ - AL SINGAPORE

항공사 코드 조회

HCC WASHINGTON

주 코드 조회

HCCC UNITED KINGDOM

국가 코드 조회

※ 주의 : 띄어쓰기를 하면 ERROR 응답이 나온다.

```
>W/-CCTAIPEI
TPE   TAIPEI, CHINESE TAIPEI
VEO   TAIPEI CTO, CHINESE TAIPEI
TSA   TAIPEI SONGSHAN, CHINESE TAIPEI
IFK   TAIPEI TAIWAN, CHINESE TAIPEI
>W/-APNARITA
    * AIRPORT NAME *            * CITY NAME *      *STATE/COUNTRY*
NRT NARITA                   JP TOKYO NARITA       JAPAN
   END OF DISPLAY
>W/-ALSINGAPORE
 SQ-618 SINGAPORE AIRLINES/SINGAPORE AIRLINES LIMITED
>HCCWASHINGTON
 WA WASHINGTON
>HCCC/UNITED KINGDOM
 GB UNITED KINGDOM
```

W/ - AT JFK

특정 공항 근처 10개 공항 조회

```
>W/-ATJFK

NEAREST AIR SERVICE FROM
JFK J F KENNEDY,NY,US

TO
LGA NEW YORK CITY LAGU,NY,US           11 MI/    18 KM     NW
EWR NEWARK AIRPORT,NJ,US               21 MI/    34 KM      W
TEB TETERBORO,NJ,US                    21 MI/    34 KM     NW
CDW CALDWELL,NJ,US                     30 MI/    48 KM     NW
HPN WHITE PLAINS,NY,US                 30 MI/    48 KM      N
MMU MORRISTOWN,NJ,US                   35 MI/    56 KM      W
ISP LONG ISLAND MACART,NY,US           37 MI/    60 KM      E
BDR BRIDGEPORT,CT,US                   50 MI/    80 KM     NE
TTN TRENTON,NJ,US                      60 MI/    97 KM     SW
WRI MCGUIRE AIR FORCE,NJ,US            61 MI/    98 KM     SW
```

2. AVAILABILITY

A 22MAR SELPAR

3월 22일 서울-파리 예약가능편 조회

```
>A22MARSELPAR
 -22MAR+ WED    SEL/Z#9      PAR/-8
 1AF      267 J9 C9 D9 I9 Z9 OC W9 S9 A9 ICNCDG    0945 1350    772 0 MS DCA/E
              Y9 B9 M9 U9 K9 H9 L9 Q9 T9 EC N9 R9 V9 X9 GR
 2OZ      501 C9 D9 Z9 U9 Y9 B9 M9 H9 E9 ICNCDG    1230 1700    772 0 LS DCA/E
              Q9 K9 S9 V9 W9 T9 L9 GR
 3KE      901 R4 A4 J4 C4 D4 I4 Z4 Y4 B4 ICNCDG    1400 1830    388 0 LD DC/E
              M4 S4 H4 E4 K4 L4 U4 Q4 N4 T4 G4
 4NH      862 J9 C9 D9 Z9 P9 RL Y9 B9 M9 GMPHND    0755 0955    788 0 M DCA/E
              U9 H9 Q9 V9 W9 S9 L9 K9 NL
 5NH      215 J9 C9 D9 Z9 P9 RL G9 E9 Y9    CDG    1140 1625    789 0 M DCA/E
              B9 M9 U9 H9 Q9 V9 W9 S9 L9 K9 NL
 6NH/OZ 6968 J9 C9 D9 Z9 P9 Y9 B9 M9 U9 GMPHND    0840 1045    333 0 B DCA/E
              HL QL VL WL SL LL KL
```

1 22MAR SELPAR

A22MARSELPAR#OZ

특정 항공사 조회

```
>A22MARSELPAR#OZ
 -22MAR+ WED    SEL/Z#9       PAR/-8
 1OZ       501 C9 D9 Z9 U9 Y9 B9 M9 H9 E9 ICNCDG     1230 1700     772 0 LS DCA/E
               Q9 K9 S9 V9 W9 T9 L9 GR
 2OZ      1085 C9 D9 Z9 U8 Y9 B9 M9 H9 E9 GMPHND     0840 1045     333 0 B DCA/E
               Q9 K9 S8 V8 W8 T8 L8 GR
 3NH       215 J9 C9 D9 Z9 P9 RL G9 E9 Y9    CDG     1140 1625     789 0 M DCA/E
               B9 M9 U9 H9 Q9 V9 W9 S9 L9 K9 NL
 4OZ/NH 9128 C2 D2 Z2 U2 Y4 B4 M4 E4 Q4 GMPHND     0755 0955     77W 0 M DCA/E
               K4 W4 TL GL
 5NH       215 J9 C9 D9 Z9 P9 RL G9 E9 Y9    CDG     1140 1625     789 0 M DCA/E
               B9 M9 U9 H9 Q9 V9 W9 S9 L9 K9 NL
 6OZ      3355 C9 D9 Z9 U8 Y9 B9 M9 H9 E9 GMPPEK     0840 0945     333 0 DCA/E
               Q9 K9 S9 V9 W9 T9 L9 GR
```

A22MARSELPAR@OZ

특정 항공사 LAST SEAT 조회

```
>A22MARSELPAR@OZ
 -22MAR+ WED    SEL/Z#9       PAR/-8
OZ RESPONSE ** DIRECT CONNECT PARTICIPANT **
** ASIANA AIRLINES - AN **                    181 WE 22MAR 0000
13OZ      501 C9 D9 Z9 U9 Y9 B9 M9 H9 E9 ICNCDG     1230 1700     772 0
               Q9 K9 S9 V9 W9 T9 L9 GR
```

A22MARSELPAR1800

출발편 특정 시간대 조회

```
>A22MARSELPAR1800
 -22MAR+ WED    SEL/Z#9       PAR/-8
 1KE       901 R4 A4 J4 C4 D4 I4 Z4 Y4 B4 ICNCDG     1400 1830     388 0 LD DC/E
               M4 S4 H4 E4 K4 L4 U4 Q4 N4 T4 G4
 2OZ       501 C9 D9 Z9 U9 Y9 B9 M9 H9 E9 ICNCDG     1230 1700     772 0 LS DCA/E
               Q9 K9 S9 V9 W9 T9 L9 GR
 3AF       267 J9 C9 D9 I9 Z9 OC W9 S9 A9 ICNCDG     0945 1350     772 0 MS DCA/E
               Y9 B9 M9 U9 K9 H9 L9 Q9 T9 EC N9 R9 V9 X9 GR
 4LH       713 F8 A7 J9 C9 D9 Z9 P9 G9 E9 ICNFRA     1530 1900     744 0 M DCA/E
               N9 Y9 B9 M9 U9 H9 Q9 V9 W9 S9 T9 L9 KC
 5LH      1050 J9 C9 D9 Z9 P9 Y9 B9 M9 U9    CDG     2025 2135     320 0 S DCA/E
               H9 Q9 V9 W9 S9 T9 L9 KC
 6MU/FM 9828 F0 P0 A0 J8 C5 D4 I2 O2 Y9 ICNPVG     1810 1910     738 0 D DCA/E
               B9 M9 E9 H9 K9 L9 N9 R9 S9 V9 T9 G0 Z9 Q9 X5
 7MU       553 J9 C9 D9 I9 Y9 B9 M9 E9 H9    CDG #1 0005 0530     332 0 L DCA/E
               K9 L9 N9 R9 S9 V9 T0 G0 Z9 Q0
 8KE       935 R4 A4 J4 C4 D4 I4 Z4 Y4 B4 ICNPRG     1250 1630     772 0 LD DC/E
               M4 S4 H4 E4 K4 L4 U4 Q4 N4 T4 G4
```

A22MARSELPAR/1000

도착편 특정 시간대 조회

```
>A22MARSELPAR/1000
 -22MAR+ WED    SEL/Z#9      PAR/-8
 1AF       267 J9 C9 D9 I9 Z9 OC W9 S9 A9 ICNCDG     0945 1350    772 0 MS DCA/E
               Y9 B9 M9 U9 K9 H9 L9 Q9 T9 EC N9 R9 V9 X9 GR
 2OZ       501 C9 D9 Z9 U9 Y9 B9 M9 H9 E9 ICNCDG     1230 1700    772 0 LS DCA/E
               Q9 K9 S9 V9 W9 T9 L9 GR
 3KE       901 R4 A4 J4 C4 D4 I4 Z4 Y4 B4 ICNCDG     1400 1830    388 0 LD DC/E
               M4 S4 H4 E4 K4 L4 U4 Q4 N4 T4 G4
 4KL       856 J9 C9 D9 I9 Z9 Y9 B9 M9 U9 ICNAMS     0055 0430    74E 0 M DCA/E
               K9 H9 L9 Q9 T9 EL N9 R9 V9 GC X9
 5KL      1223 J9 C9 D9 I9 Z9 Y9 B9 M9 U9    CDG     0655 0815    73W 0 M DCA/E
               K9 W9 H9 S9 L9 A9 Q9 T9 EC N9 R9 V9 X9 GC
 6AF/KL 8421 J9 C9 D9 I9 Z9 Y9 B9 M9 U9 ICNAMS     0055 0430    74E 0 M DCA/E
               K9 H9 L9 Q9 T9 N9 R9 V9
 7AF/KL 8223 J9 C9 D9 I9 Z9 W9 Y9 B9 M9    CDG     0655 0815    73W 0 M DCA/E
               U9 K9 H9 L9 Q9 T9 E9 N9 R9 V9 X9
 8KL       856 J9 C9 D9 I9 Z9 Y9 B9 M9 U9 ICNAMS     0055 0430    74E 0 M DCA/E
               K9 H9 L9 Q9 T9 EL N9 R9 V9 GC X9
```

A22MARSELPAR0900HKG

홍콩을 경유하는 항공편을 조회(홍콩 출발시간 09시)

```
>A22MARSELPAR0900HKG
 -22MAR+ WED    SEL/Z#9      PAR/-8
 1CX       411 J9 C9 D9 I9 Y9 B9 H9 K9 M9 ICNHKG     1510 1810    333 0 R DCA/E
               L9 V9 S9 N9 Q9 OL
 2CX       261 F6 A6 J9 C9 D9 I9 W9 R9 E9    CDG #1 0005 0625    77W 0 BD DCA/E
               Y9 B9 H9 K9 M9 L9 V9 S9 N9 Q9 OL
 3CX       417 J9 C9 D9 I9 W9 R9 E9 Y9 B9 ICNHKG     1020 1315    333 0 L DCA/E
               H9 K9 M9 L9 V9 S9 N9 Q9 O9
 4CX       261 F6 A6 J9 C9 D9 I9 W9 R9 E9    CDG #1 0005 0625    77W 0 BD DCA/E
               Y9 B9 H9 K9 M9 L9 V9 S9 N9 Q9 O9
 5CX       419 F6 A6 J9 C9 D9 I9 W9 R9 E9 ICNHKG     1950 2245    77W 0 D DCA/E
               Y9 B9 H9 K9 M9 L9 V9 S9 N9 Q9 OL
 6CX       261 F6 A6 J9 C9 D9 I9 W9 R9 E9    CDG #1 0005 0625    77W 0 BD DCA/E
               Y9 B9 H9 K9 M9 L9 V9 S9 N9 Q9 OL
 7CX       439 J9 C9 D9 I9 Y9 B9 H9 K9 M9 ICNHKG     1355 1640    333 0 R DCA/E
               L9 V9 S9 N9 Q9 O9
 8CX       261 F6 A6 J9 C9 D9 I9 W9 R9 E9    CDG #1 0005 0625    77W 0 BD DCA/E
               Y9 B9 H9 K9 M9 L9 V9 S9 N9 Q9 O9
```

A22MARSELPAR/D

직항편만 조회

```
>A22MARSELPAR/D
 -22MAR+ WED   SEL/Z#9     PAR/-8
 1AF      267 J9 C9 D9 I9 Z9 OC W9 S9 A9 ICNCDG    0945 1350   772 0 MS DCA/E
              Y9 B9 M9 U9 K9 H9 L9 Q9 T9 EC N9 R9 V9 X9 GR
 2OZ      501 C9 D9 Z9 U9 Y9 B9 M9 H9 E9 ICNCDG    1230 1700   772 0 LS DCA/E
              Q9 K9 S9 V9 W9 T9 L9 GR
 3KE      901 R4 A4 J4 C4 D4 I4 Z4 Y4 B4 ICNCDG    1400 1830   388 0 LD DC/E
              M4 S4 H4 E4 K4 L4 U4 Q4 N4 T4 G4
```

A－M

M CLASS만 조회

```
>A-M
 -22MAR+ WED   SEL/Z#9     PAR/-8
 1AF      267 M9                         ICNCDG    0945 1350   772 0 MS DCA/E
 2OZ      501 M9                         ICNCDG    1230 1700   772 0 LS DCA/E
 3KE      901 M4                         ICNCDG    1400 1830   388 0 LD DC/E
```

A#1

하루 이후 예약가능편 조회

```
>A#1
 -23MAR+ THU   SEL/Z#9     PAR/-8
 1AF      267 M9                         ICNCDG    0945 1350   772 0 MS DCA/E
 2KE      901 M4                         ICNCDG    1400 1830   388 0 LD DC/E
```

A－1

하루 전의 예약가능편 조회

```
>A#1
 -23MAR+ THU   SEL/Z#9     PAR/-8
 1AF      267 M9                         ICNCDG    0945 1350   772 0 MS DCA/E
 2KE      901 M4                         ICNCDG    1400 1830   388 0 LD DC/E
```

A25OCT

10월 25일 예약가능편 조회

```
>A25OCT
 -25OCT+ TUE   SEL/Z#9     PAR/-7
 1AF      267 M9                        ICNCDG     0920 1410    77W 0 MS DCA/E
 2KE/AF 5901 M4                         ICNCDG     0920 1410    77W 0 DC/E
 3KE      901 M4                        ICNCDG     1320 1830    388 0 LD DC/E
 4AF/KE 5093 M9                         ICNCDG     1320 1830    388 0 LD DCA/E
```

AR

현재 조회 중인 예약가능편의 복편 예약가능편 조회

```
>AR
 -25OCT+ TUE   PAR/Z#2     SEL/#7
 1AF      264 M9                        CDGICN     1330 0715#1 77W 0 MS DCA/E
 2KE/AF 5902 M4                         CDGICN     1330 0715#1 77W 0 DC/E
 3KE      902 M4                        CDGICN     2100 1500#1 388 0 DB DC/E
 4AF/KE 5092 M9                         CDGICN     2100 1500#1 388 0 DB DCA/E
```

A22MARSELHNL

```
>A22MARSELHNL
 -22MAR+ WED   SEL/Z#9     HNL/HST-19
 1KE/LJ 5053 Y4 B4 M4 S4 H4 E4 K4 L4 U4 ICNHNL    1920 0800    772 0 DC/E
             Q4 N4 T4
 2OZ      232 C9 D9 Z9 U9 Y9 B9 M9 H9 E9 ICNHNL    2020 0940    333 0 BD DCA/E
             Q9 K9 S9 V9 W9 T9 L9 GR
 3SQ/OZ 5732 Z4 C4 J4 U4 Y9 B9 E9 M4 H9 ICNHNL    2020 0940    333 0 BD DCA/E
             W4 Q4 N4
 4KE       53 P4 A4 J4 C4 D4 I4 Z4 Y4 B4 ICNHNL    2100 0950    744 0 BD DC/E
             M4 S4 H4 E4 K4 L4 U4 Q4 N4 T4 G4
 5HA/** 6019 J7 P7 C7 A7 Y7 W7 X7 Q7 V7 ICNHNL    2100 0950    773 0 DCA/E
             B7 S7 N7 M7 I7 H7 G7 K7 L7 Z7 O7
 6KE        1 P4 A4 J4 C4 D4 I4 Z4 Y4 B4 ICNHNL    1720 0845    333 1 BD DC/E
             M4 S4 H4 E4 K4 L4 U4 Q4 N4 T4 G4
 7UA/OZ 7318 J4 C4 D4 Z4 Y7 B7 M7 E7 U7 ICNNRT    0900 1110    333 0 S DCA/E
             H7 Q7 V7 W7 S7 T7 L7 K0 G0
 8UA      902 F5 A4 J4 C4 D4 Z4 P9 Y7 B7    HNL    1900 0700    777 0 D DCA/E
             M7 E7 U7 H7 Q7 V7 W7 S7 T7 L7 K0 G0 N0
```

VA*6

6번 항공편의 운항정보 조회

```
>VA*6
22MAR   FLT SEGMENT DPTR  ARVL   MEALS     EQP  ELPD MILES SM
 6 KE     1 ICN NRT 1720  1940   M         333  2.20   787  N
                                ARR-TERMINAL 1
   KE     1 NRT HNL 2100  0845   BD        333  6.45  3818  N
DEP-TERMINAL 1                        ARR-MAIN TERMINAL
```

V*KE001/22MAR

3월 22일 대한항공 001편의 운항정보 조회

```
>V*KE001/22MAR
22MAR       DPTR       ARVL     MEALS     EQP  ELPD ACCUM  MILES   SM
ICN NRT     1720       1940     M         333  2.20  2.20   758     N
                                      ARR-TERMINAL 1
NRT HNL     2100       0900     BD/            7.00 10.40  3831     N
DEP-TERMINAL 1                        ARR-MAIN TERMINAL
```

S22MARSELPAR

3월 22일 서울-파리 스케줄 조회

```
>S22MARSELPAR
 22MAR   WED - 05APR  WED    SEL/Z#9      PAR/-8
 1AF      267 ICNCDG   0945 1350    772  0 ..3.... 22MAR-23MAR
 2OZ      501 ICNCDG   1230 1700    772  0 1.3.567 30OCT-31DEC
 3KE      901 ICNCDG   1400 1830    388  0 1234567 30OCT-25MAR
 4AF      267 ICNCDG   0945 1350    772  0 ...4... 22MAR-23MAR
 5AF      267 ICNCDG   0945 1350    772  0 ....5.. 24MAR-24MAR
 6AF      267 ICNCDG   0945 1350    772  0 .....6. 25MAR-25MAR
 7AF      267 ICNCDG   0920 1410    772  0 ......7 26MAR-26MAR
 8KE      901 ICNCDG   1305 1830    388  0 1234567 26MAR-30APR
 9AF      267 ICNCDG   0920 1410    77W  0 1234567 27MAR-26JUL
10NH      862 GMPHND   0755 0955    788  0 1234567 30OCT-25MAR
11NH      215    CDG   1140 1625    789  0 1234567 30OCT-25MAR
```

***A**

PNR 정리 디스플레이

```
>*A
NO DATA
```

I

PNR 무시 재시작

```
>I
IGD
```

3. PNR 작성

A15MARSELPAR#KE

```
>A15MARSELBKK#KE
 -15MAR+ WED   SEL/Z#9      BKK/-2
 1KE      657 R4 A4 J4 C4 D4 I4 Z4 Y4 B4 ICNBKK    0900 1300   77W 0 M DC/E
              M4 S4 H4 E4 K4 L4 U4 Q4 N4 T4 G4
 2KE      651 P4 A4 J4 C4 D4 I4 Z4 Y4 B4 ICNBKK    1715 2105   773 0 D DC/E
              M4 S4 H4 E4 K4 L4 U4 Q4 N4 T4 G4
 3KE      659 P4 A4 J4 C4 D4 I4 Z4 Y4 B4 ICNBKK    1850 2255   333 0 D DC/E
              M4 S4 H4 E4 K4 L4 U4 Q4 N4 T4 G4
 4KE     1103 C4 Y4 Q4 T4 V4             GMPPUS    0800 0855   73H 0 DC/E
 5KE      661 J4 C4 D4 I4 Z4 Y4 B4 M4 S4    BKK    2035 0020#1 333 0 D DC/E
              H4 E4 K4 L4 U4 Q4 N4 T4 G4
 6KE     1105 C4 Y4 Q4 T4 V4             GMPPUS    0900 0955   73H 0 DC/E
 7KE      661 J4 C4 D4 I4 Z4 Y4 B4 M4 S4    BKK    2035 0020#1 333 0 D DC/E
              H4 E4 K4 L4 U4 Q4 N4 T4 G4
 8KE     1107 C4 Y4 Q4 T4 V4             GMPPUS    1000 1055   73H 0 DC/E
 9KE      661 J4 C4 D4 I4 Z4 Y4 B4 M4 S4    BKK    2035 0020#1 333 0 D DC/E
              H4 E4 K4 L4 U4 Q4 N4 T4 G4
10KE     1109 C4 Y4 Q4 T4 V4             GMPPUS    1100 1155   73H 0 DC/E
11KE      661 J4 C4 D4 I4 Z4 Y4 B4 M4 S4    BKK    2035 0020#1 333 0 D DC/E
              H4 E4 K4 L4 U4 Q4 N4 T4 G4
```

N2Y1

2좌석을 Y CLASS로 1번 스케줄로 요청

```
>N2Y1
   KE 657Y   15MAR ICNBKK NN2  0900  1300  /PENDING   /E
SURNAME CHG NOT ALLOWED FOR KE-Y FARECLASS
```

0A

ARNK 구간 입력

```
>0A
SEG 2 ARNK
```

A30MARSINSEL#KE

```
>A30MARSINSEL#KE
 -30MAR+ THU    SIN/Z#8      SEL/#1
 1KE     642 R4 A4 J4 C4 D4 I4 Z4 Y4 B4 SINICN    0110 0825    77W 0 B DC/E
             M4 S4 H4 E4 K4 L4 U4 Q4 N4 T4 G4
 2KE     648 P4 A4 J4 C4 D4 I4 Z4 Y4 B4 SINICN    1100 1835    333 0 LR DC/E
             M4 S4 H4 E4 K4 L4 U4 Q4 N4 T4 G4
 3KE     644 P4 A4 J4 C4 D4 I4 Z4 Y4 B4 SINICN    2235 0555#1 773 0 D DC/E
             M4 S4 H4 E4 K4 L4 U4 Q4 N4 T4 G4
 4TR    2062 A4 F4 J4 L4 N4                SINHKG    0605 1005    320 0 /E
 5KE     604 R4 A4 J4 C4 D4 I4 Z4 Y4 B4    ICN    1205 1645    772 0 L DC/E
             M4 S4 H4 E4 K4 L4 U4 Q4 N4 T4 G4
 6CX     650 J9 C9 D9 I9 W9 R9 E9 Y9 B9 SINHKG    0645 1040    333 0 B DCA/E
             H9 K9 M9 L9 V9 S9 N9 Q9 O9
 7KE     604 R4 A4 J4 C4 D4 I4 Z4 Y4 B4    ICN    1205 1645    772 0 L DC/E
             M4 S4 H4 E4 K4 L4 U4 Q4 N4 T4 G4
 8UA     896 F8 A8 J9 C9 D9 Z9 P9 Y9 B9 SINHKG    0600 0955    777 0 B DCA/E
             M9 E9 U9 H9 Q9 V9 W9 S9 T9 L9 K9 G9 N9
 9KE     604 R4 A4 J4 C4 D4 I4 Z4 Y4 B4    ICN    1205 1645    772 0 L DC/E
             M4 S4 H4 E4 K4 L4 U4 Q4 N4 T4 G4
10TR    2986 A4 F4 J4 L4 N4                SINCAN    0605 0955    320 0 /E
11KE     866 P4 A4 J4 C4 D4 I4 Z4 Y4 B4    ICN    1240 1705    333 0 M DC/E
             M4 S4 H4 E4 K4 L4 U4 Q4 N4 T4 G4
```

N2Y1

```
>N2Y1
   KE 642Y   30MAR SINICN NN2  0110  0825  /PENDING   /E
SURNAME CHG NOT ALLOWED FOR KE-Y FARECLASS
```

－YOO/SIJINMR

－KANG/MOYEONMS

성인 성명 입력

－I/YOO/AGIMSTR*I01

유아 성명, 개월수 입력

－YOO/SOAMISS*C09

소아 성명, 나이 입력

9T*031－222－3333 KBU TOUR

여행사 전화번호 입력

9M*010－1234－5678/P1

1번 승객의 핸드폰 전화번호 010-1234-5678 입력

```
>-YOO/SIJINMR *
>-KANG/MOYEONMS *
>-I/YOO/AGIMSTR*I01 *
>3INFT/YOO/AGIMSTR/27AUG16-2.1 *
>9T*031-222-3333 KBU TOUR *
>9M*010-1234-5678/P1 *
>*A
 1.1YOO/SIJINMR  2.1KANG/MOYEONMS  3.I/1YOO/AGIMSTR*I01
 1 KE 657Y 15MAR 3 ICNBKK NN2  0900  1300  /E
 2 ARNK
 3 KE 642Y 30MAR 4 SINICN NN2  0110  0825  /E
PHONES
  1.SELT*031-222-3333 KBU TOUR
  2.SELM*010-1234-5678/P1
PASSENGER DETAIL FIELD EXISTS - USE PD TO DISPLAY
GENERAL FACTS
  1.SSR INFT KE NN1 ICNBKK0657Y15MAR/YOO/AGIMSTR/27AUG16
  2.SSR INFT KE NN1 SINICN0642Y30MAR/YOO/AGIMSTR/27AUG16
Z60D.Z60D*AED 2227/28SEP16
```

E

저장

***예약번호**

예약번호로 PNR 조회

```
>E
OK 2228 ACWZHH TTY REQ PEND
>*ACWZHH
 < PNR - ACWZHH >
 1.1YOO/SIJINMR  2.1KANG/MOYEONMS  3.I/1YOO/AGIMSTR*I01
 1 KE 657Y 15MAR 3 ICNBKK KK2  0900  1300  /ABKE*NNGPCD /E
 2 ARNK
 3 KE 642Y 30MAR 4 SINICN KK2  0110  0825  /ABKE*NNGPCD /E
TKT/TIME LIMIT
  1.TAW/
PHONES
  1.SELT*031-222-3333 KBU TOUR
  2.SELM*010-1234-5678/P1
PASSENGER DETAIL FIELD EXISTS - USE PD TO DISPLAY
GENERAL FACTS
  1.SSR INFT KE NN1 ICNBKK0657Y15MAR/YOO/AGIMSTR/27AUG16
  2.SSR INFT KE NN1 SINICN0642Y30MAR/YOO/AGIMSTR/27AUG16
  3.SSR OTHS 1B KE RSVN IS 6598-0726
  4.SSR ADTK 1B TO KE BY 13OCT 1900 TYO OTHERWISE WILL BE XLD
  5.SSR OTHS 1B KE RSVN IS 6598-0726
RECEIVED FROM - P
Z60D.Z60D*AED 2228/28SEP16 ACWZHH H
```

3BBMLA－2.1

2번 승객에게 유아식(BBML)을 전 여정(A)에 대하여 신청

3VGML1－1.1

1번 승객에게 야채식(VGML)을 1번 여정에 대하여 신청

3OSI KE LCTC SIN SHAGLILA RM1004

대한항공에 현지 숙박지 싱가포르 샹그리라 호텔 1004호 전달

```
>3BBMLA-2.1 *
>*A
 < PNR - ACWZHH >
 1.1YOO/SIJINMR  2.1KANG/MOYEONMS  3.I/1YOO/AGIMSTR*I01
 1 KE 657Y 15MAR 3 ICNBKK KK2  0900  1300 SPM  /ABKE*NNGPCD /E
 2 ARNK
 3 KE 642Y 30MAR 4 SINICN KK2  0110  0825 SPM  /ABKE*NNGPCD /E
TKT/TIME LIMIT
  1.TAW/
PHONES
  1.SELT*031-222-3333 KBU TOUR
  2.SELM*010-1234-5678/P1
PASSENGER DETAIL FIELD EXISTS - USE PD TO DISPLAY
GENERAL FACTS
  1.SSR INFT KE NN1 ICNBKK0657Y15MAR/YOO/AGIMSTR/27AUG16
  2.SSR INFT KE NN1 SINICN0642Y30MAR/YOO/AGIMSTR/27AUG16
  3.SSR OTHS 1B KE RSVN IS 6598-0726
  4.SSR ADTK 1B TO KE BY 13OCT 1900 TYO OTHERWISE WILL BE XLD
  5.SSR OTHS 1B KE RSVN IS 6598-0726
  6.SSR BBML KE NN1 ICNBKK0657Y15MAR
  7.SSR BBML KE NN1 SINICN0642Y30MAR
RECEIVED FROM - P
Z60D.Z60D*AED 2228/28SEP16 ACWZHH H
```

```
>3OSI KE LCTC SIN SHAGLILA RM1004 *
>*A
 < PNR - ACWZHH >
 1.1YOO/SIJINMR  2.1KANG/MOYEONMS  3.I/1YOO/AGIMSTR*I01
 1 KE 657Y 15MAR 3 ICNBKK KK2  0900  1300 SPM  /ABKE*NNGPCD /E
 2 ARNK
 3 KE 642Y 30MAR 4 SINICN KK2  0110  0825 SPM  /ABKE*NNGPCD /E
TKT/TIME LIMIT
  1.TAW/
PHONES
  1.SELT*031-222-3333 KBU TOUR
  2.SELM*010-1234-5678/P1
PASSENGER DETAIL FIELD EXISTS - USE PD TO DISPLAY
GENERAL FACTS
  1.SSR INFT KE NN1 ICNBKK0657Y15MAR/YOO/AGIMSTR/27AUG16
  2.SSR INFT KE NN1 SINICN0642Y30MAR/YOO/AGIMSTR/27AUG16
  3.SSR OTHS 1B KE RSVN IS 6598-0726
  4.SSR ADTK 1B TO KE BY 13OCT 1900 TYO OTHERWISE WILL BE XLD
  5.SSR OTHS 1B KE RSVN IS 6598-0726
  6.SSR BBML KE NN1 ICNBKK0657Y15MAR
  7.SSR BBML KE NN1 SINICN0642Y30MAR
  8.OSI KE LCTC SIN SHAGLILA RM1004
RECEIVED FROM - P
Z60D.Z60D*AED 2228/28SEP16 ACWZHH H
```

1-2 항공사의 발전과 시장동향

1. 항공운송의 발전

1) 한국항공운송의 역사

우리나라에 비행기가 처음 소개된 것은 1913년 서울 용산의 조선군 연병장에서 일본 해군 장교가 '나라하라 4호'로 공개비행을 한 것이다. 민간인으로서는 일본인 다카소오가 용산에서 공개비행을 하였으며, 1917년에는 미국인 스미스가 한국방문비행을 하였다.

한국인으로서 최초의 비행사는 안창남으로 그는 1917년 스미스의 비행을 보고 비행사가 되기로 결심한 후, 일본 오구리 비행학교에서 수학하면서 일본의 비행사 면허시험에 합격하였다. 그는 1922년 12월 10일 '금강호'로 여의도에서 5만여 명의 군중이 지켜보는 가운데 모국방문비행을 하였다. 이후 20여 명의 한국인들이 비행사 자격증을 취득하여 모국방문비행을 하였으며, 이 중 신용욱은 항공인력을 양성하기 위해 1930년 여의도에 조선비행학교를 설립하였다. 그는 일본에서 4인승 쌍엽기를 도입하여 유료비행도 실시하였으며, 이를 발전시켜 1935년 조선항공사업사(Korea Aviation Company)를 설립하고 글라이더를 제작하여 서울~이리간 정기항공노선을 취항하기도 하였다.

우리나라 최초의 정기항공노선은 1929년 4월 1일 일본항공운송(주)가 개설한 중일노선 동경~대련 간 노선인데, 중간기착지로 후쿠오카~대구~서울~평양~신의주를 거쳤다. 6월 21일에는 서울~울산 간 단독노선이 개설되었다. 비행장은 1916년 일본이 건설한 여의도 비행장을 시작으로 1930년 울산 비행장, 1937년부터 대구, 청진, 광주, 신의주, 함흥 비행장이 차례로 건설되어 노선운항에 사용되었으며, 1944년 여의도 비행장을 대신할 김포비행장이 완성되었다.

해방 이후 조선항공사업사의 신용욱은 이를 모체로 1946년 3월 대한국제항공사를 설립하고, 1948년 10월 대한국민항공사(Korea National Airlines)를 창설하였다. 그는 국내선 운항면허를 받고 항공기 3대를 도입하여 서울~부산 간 국내선 항공운항을 시작하였다. 1949년에는 서울을 기점으로 강릉, 광주, 제주, 옹진 노선에도 취항하였으며, 1954년에는 서울-대만-홍콩 노선에도 취항하였으나, 적자를 면치 못하여 1962년 대한항공공사(Korea Airlines)가 되어 국영항공사로 전환되었다. 당시 정부는 경영난을 겪고 도산 직전에 있는 민항사를 살리고 항공산업을 발전시키기 위하여 국영항공사 체제를 선택하였다. 대한항공공사는 자본금 5억원 규모로 불하받은 DC-2, DC-3 항공기로 1963년 10월 국내선에 취항하였으며, 12월 일본과 상무협정을 맺고 1964년 한일 정기항공노선에 취항하였다. 1967년에는 우리나라의 첫 제트여객기인 DC-9 항공기를 도입하여 서울~대만~홍콩, 서울~오사카 노선에 투입하였다.

우리나라에 외국 항공사가 취항한 것은 노스웨스트 항공이 1946년 9월 1일 취항한 것이 처음이다. 당시 노스웨스트 항공은 미군정과 용역계약을 맺고 미군 수송을 담당하다가 한국인도 수송하였다. 노스웨스트 항공은 1949년부터는 서울~시애틀 간을 주 3회, 서울~동경을 주 2회 운항하였다. 1952년부터는 자유중국민항공사가 대북~동경~서울 간을 주 2회 운항하였으며, 홍콩항공은 1957년부터 서울~홍콩 간을 주 2회 운항하였다. 외국 항공사는 우리나라가 1946~1962년까지의 민항시대와 1962~1969년까지의 국영항공사 시대를 거치면서 항공기 부족, 노후 기종, 정비기술과 시설미비 등으로 경영상의 혼란을 겪는 사이 우리나라의 국제항공운송 부분에서 큰 이익을 거두었다.

2) 대한항공

정부는 1967년 대한항공공사의 민영화를 계획하였고, 1968년 12월 2일 대한항공공사의 민영화방안에 대한 관계부처 간의 협의 후, 1969년 1월 10일 재무부에서 주식을 현물출자하였다. 이어 2월 27일 한국산업은행과 한진상사 간에 주식매매계약이 체결되어 2월 28일 대한항공공사는 15억원, 10년 분할상환조건으로 한진상사에 매각되었고, (주)대한항공이 탄생하였다. 인수 당시 규모는 8대의 소형항공기와 일본 간 국제노선 4개, 국내선을 운항할 정도였으며, 월 수송인원 3만명 선이었다.

대한항공은 곧 경영합리화 조치와 5개년 투자계획을 수립하여 민영화 4개월 만에 수송인원을 6만명으로 증가시켰으며, 4년 만에 흑자를 기록하였다. 이후 1972년에 미국 정기노선(서울~동경~호놀룰루~LA)에 취항하였으며, 1973년에는 첫 번째 비행기로 보잉 747기를 도입하였다. 1975년에는 유럽 정기노선(서울~파리)에 취항하였고, 이후 중동, 동남아, 유럽, 미주 노선을 지속적으로 추가하여 민영화 10주년인 1979년에는 15개국 23개 도시에 취항하였다. 1983년에는 신항공예약발권시스템인 TOPAS를 개발하였으며, 1995년에 100번째 보잉 747기를 도입하였고, 1998년에는 기내식 대상 머큐리상을 수상하였다. 2000년에는 델타항공,

에어프랑스, 아에로멕시코, 체코항공의 4개 항공사와 제휴하여 Sky Team이라는 항공사 동맹체를 결성하였으며, 2005년에는 국제항공화물 부문 1위로 선정(IATA)되었다.

2015년 현재 1만 7천여 명의 직원과 158대의 항공기를 보유하고 국내선 14개 도시, 국제선 46개국 129개 도시에 취항하고 있으며, 3조 7천억원의 자본을 보유하고 11조원의 매출을 올렸다. 대한항공의 기업규모의 변화는 다음과 같다.

연도	여객수송(만명)	화물수송(만톤)	항공기보유(대)	매출(억원)	자본(억원)
1969	70	0	11	36	15
1979	378	11	38	3413	227
1989	1134	48	66	15575	1500
1999	2054	116	107	48322	3218
2009	2072	157	127	93937	3668
2015	2486	155	158	113084	3698

자료 : 대한항공 홈페이지(http://www.koreanair.com)

3) 아시아나항공

1988년 서울올림픽 개최와 함께 우리나라에도 복수 민항시대가 열렸다. 아시아나항공은 1946년 광주택시로 시작하여 버스, 타이어, 고속버스 등으로 사업영역을 확장하다가 1988년 2월 12일 제2민항 설립업체로 지정받고 2월 24일 항공운송사업 면허를 발급받았다. 최초의 회사명은 (주)서울항공이었으나, 5월 아시아나항공으로 회사명을 변경하고 12월 10일 첫 번째 항공기를 도입하여 12월 23일 국내선에 첫 취항하였다. 1990년에는 국제선 한일노선(서울~동경)에 처음으로 취항하였으며, 1991년 항공예약시스템 운영회사인 (주)아시아나 애바카스 정보를 설립하였다. 이어 1991년 동남아 노선(서울~방콕~싱가포르), 1992년 미주노선(서울~샌프란시스코), 1995년 호주노선과 유럽노선에 취항하였으며, 1998년부터는 대한항공과 공동으로 대통령 진용기를 운항하고 있다. 2002년에는 ATW 선정 기내식 금상을 수상하였으며, 2007년에는 기내식 머큐리상을 수상하였다. 2003년 3월에는 전 세계 항공사 동맹체 중 가장 규모가 큰 Star Alliance에 가입하였고 Air China, ANA, Qatar Airline 등과 전략적 제휴를 확대해 나가고 있다.

2015년 현재 1만여 명의 직원과 65대의 항공기를 보유하고 국내선 12개 도시, 국제선 25개국 77개 도시에 취항하고 있으며, 1조원의 자본을 보유하고 5조 8천억원의 매출을 올렸다. 아시아나항공의 기업규모의 변화는 다음과 같다.

연도	여객수송(만명)	화물수송(만톤)	항공기보유(대)	매출(억원)	자본(억원)
1989			10		50
1999			49	17848	10469
2009	786	60	68	38872	8758
2015			84	57952	9755

자료 : 아시아나항공 홈페이지(http://flyasiana.com)

4) 지역항공사

전 세계적인 항공산업의 규제완화 바람과 함께 국내에서는 2대 민항사 허가 이후 16년 만에 국내 각 지역을 기반으로 하여 다수의 항공사가 설립되기 시작하였다. 2000년 이후 설립된 항공사들은 모두 저가 항공사로 국내 항공시장의 변화를 주도하고 있으며, 이에 따라 대한항공과 아시아나항공도 저비용 항공사를 설립하여 운항하고 있다.

지역항공사 중 가장 먼저 설립된 한성항공은 현재 티웨이항공이 인수하여 운항하고 있으므로 현재 운항 중인 지역항공사 중 가장 먼저 설립된 항공사는 제주항공이다. 2005년 1월 제주항공이 제주도와 애경그룹의 합작으로 설립되어 2006년 5월 항공기 1대를 도입하여 6월 김포~제주 노선에 취항하였다. 2016년 현재 지역항공사 현황은 다음과 같다.

회사명	베이스	운송면허	취항
제주항공	제주	정기	2006년 6월
에어부산	부산	정기	2008년 10월
진에어	인천	정기	2008년 7월
이스타항공	군산	정기	2009년 1월
티웨이항공	대구	정기	2005년 8월(한성항공)
에어인천	인천	정기(화물)	2013년 3월
에어서울	서울	정기	2016년 7월

5) 국내취항 외국항공사

1946년 노스웨스트 항공을 시작으로 현재 우리나라에 취항하고 있는 항공사는 약 90개로 대한항공, 아시아나항공과 더불어 국제관광자 운송시장에서 경쟁하고 있다. 2016년 현재 인천국제공항에 취항하는 항공사는 다음과 같다.

항공사명	국적	대표연락처	공항연락처	IATA	ICAO
S7항공	러시아	080-729-0882	010-6884-5644	S7	SBI
가루다인도네시아항공	인도네시아	02-773-2092~4	032-744-1991	GA	GIA
대한항공	한국	1588-2001(예약/발권)	032-752-7654	KE	KAL
델타항공	미국	02-754-1921~2	032-744-6307	이	DAL
라오항공	라오스		032-743-3585	QV	LAO
루프트한자항공	독일	02-6022-4228	070-8686-2560	LH	DLH
만다린항공	말레이시아	02-317-8888	032-743-1513~4	AE	MDA
말레이시아항공	몽골	02-777-7761~2	032-744-3501	MH	MAS
몽골항공	미국	02-756-9761	032-744-6800	OM	MGL
미국남부화물항공	베트남	032-742-9257	032-742-9257	9S	SOO
베트남항공	베트남	02-757-8920	032-744-6565~6	VN	HVN
비엣젯항공	중국	02-399-4500	032-743-0370	VJ	VJC
사천항공	중국		032-743-5211	3U	CSC
산동항공	중국		032-743-8202	SC	CDG
상하이항공	중국	02-518-0330	032-744-3780	FM	CSH
세부퍼시픽항공	필리핀	02-3708-8585	032-743-5705, 5698	5J	CEB
스카이앙코르항공	캄보디아	02-752-2633		ZA	SWM
스쿳항공	싱가포르	070-7686-0077	032-743-2537	TZ	SCO
실크웨이웨스트항공	아제르바이잔	02-779-8864	02-779-8864	7L	AZQ
심천항공	중국	02-774-6886	032-744-3255	ZH	CSZ
싱가포르항공	싱가포르	02-755-1226	032-744-6500~2	SQ	SIA
씨에어	필리핀	632-849-0101	632-849-0101	태	SGD
아메리칸항공	미국	02-3483-3909	032-743-7260~3	AA	AAL

아시아나항공	한국	1588-8000(예약/발권)	032-744-2135~6	OZ	AAR
아틀라스항공	미국	02-752-6310	032-743-5220, 3	5Y	GTI
알리탈리아항공	이탈리아	02-560-7001~2		AZ	AZA
야쿠티아항공	러시아	02-335-6944, 6966	032-744-6944	R3	SYL
양쯔강익스프레스항공	중국			Y8	YZR
에미레이트항공	아랍에미리트	02-2022-8400	032-743-8101	다	UAE
에바항공	대만	02-756-0015	032-744-3512	BR	EVA
에어마카오	중국	02-779-8899	032-743-8999	NX	AMU
에어프랑스	프랑스		032-744-4900~1	AF	AFR
에어로로직	독일		032-744-0884	3S	3SX
에어로플로트항공	러시아	02-569-3271	032-744-8672	SU	AFL
에어브릿지	러시아	02-712-5803	032-744-1419	RU	ABW
에어아스타나	카타흐스탄	02-3788-0170	032-743-2620	KC	KZR
에어아시아필리핀	필리핀		032-743-5015	Z2	EZD
에어아시아엑스	말레이시아		032-743-4333	D7	XAX
에어인디아	인도	02-752-6310~1	032-743-0321	AI	AIC
에어인천	한국	032-719-7890	032-719-7890	KJ	AIH
에어재팬	일본			NQ	AJX
에어캐나다	캐나다	02-3788-0100	032-744-0898~9	AC	ACA
에어홍콩	중국		032-744-6766	LD	AHK
에티오피아항공	에티오피아	02-733-0325	032-743-5698	ET	ETH
에티하드항공	아랍에미리트	02-3483-4888(예약/발권)	032-743-8760	EY	ETD
엥국항공	영국	02-3483-3337	032-743-5703	BA	BAW
오로라항공	러시아	02-318-7033	032-741-6035	HZ	SHU
우즈베키스탄항공	우즈베키스탄	02-754-1041	032-744-3700	HY	UZB
유나이티드항공	미국	02-751-0300	032-744-6666	UA	UAL
유니항공	대만	02-756-0015	032-744-3512	B7	UIA
유피에스항공	미국	1588-6886	032-744-3000, 3041	5X	UPS
이스타항공	한국	1544-0080	070-8660-8175	ZE	ESR

	일본항공	일본	02-757-1711	032-744-3601~3	JL	JAL
	제주항공	한국	1599-1500	1599-1500	7C	JJA
	중국국제항공	중국	02-774-6886	032-744-3255~6	CA	CCA
	중국남방항공	중국	1899-5539	032-743-3455~6	CZ	CSN
	중국동방항공	중국	02-518-0330	032-744-3780	MU	CES
	중국우정항공	중국		032-744-4785	CF	CYZ
	중국하문항공	중국	02-3455-1663		MF	CXA
	중국화물항공	중국	02-518-0330	032-744-3793	CK	CKK
	중화항공	대만	02-755-1523	032-743-1513~4	챠	CAL
	진에어	한국	1600-6200	032-743-1504	LJ	JNA
	체코항공	체코	02-318-7958	1544-9474	OK	CSA
	춘추항공	중국			9C	CQH
	카로룩스항공	룩셈부르크		032-744-3711	CV	CLX
	카타르항공	카타르	02-3772-9000	032-744-3370~72	QR	QTR
	캄보디아앙코르항공	캄보디아	02-730-1900	02-730-1900	K6	VAV
	캐세이패시픽항공	중국	02-311-2800	032-744-6777	CX	CPA
	케이엘엠네덜란드항공	네덜란드	02-3483-1133	032-744-6700~1	KL	KLM
	타이에어아시아엑스	태국	032-743-4333	032-743-4333	XJ	TAX
	타이항공	태국	02-3707-0011	032-744-3571	TG	THA
	터키항공	터키	02-3789-7054	032-744-3737	TK	THY
	텐진에어라인	중국			GS	GCR
	티웨이항공	한국	1688-8686	1688-8686	TW	TWB
	페덱스	미국		032-744-6114, 6230	FX	FDX
	폴리에어카고	미국		032-744-4215	PO	PAC
	피치항공	일본	02-3483-4835	032-743-5699	MM	APJ
	핀에어	핀란드	02-730-0067	032-743-5698	AY	FIN
	필리핀항공	필리핀	02-399-8000	032-744-3720~2	PR	PAL
	하와이안항공	미국	02-775-5552	032-743-7483	HA	HAL
	홍콩엑스프레스항공	홍콩	007-988-523-8014	주중 9시~18시, 국내요금 적용	UO	HKE

6) 국내 항공사 현황

회사명	플라이강원	에어로케이	에어프레미아
로고	FLY GANGWON	Aero K	AIR PREMIA
대표자 주요임원	주원석 대표 조성기 부사장(OZ) 송주석 상무(ZE, 7C)	강병호 대표(항공고, 조종사) 이호일 부사장(OZ)	김종철 대표(7C사장) 강신철 고문(KE, OZ) 박극로 본부장(KE, OZ, 7C)
설립일	2016.4.12	2016.5.17	2017.7.27
면허일	2019.3.5	2019.3.5	2019.3.5
베이스	양양국제공항	청주국제공항	인천국제공항
취항예정일	2019 10월	2019 하반기	2020 9월
취항 예정지	2019 국내(울산, 광주, 김포), 마카오, 대만, 말레이시아, 필리핀, 베트남 2020 일본, 중국, 베트남 2021 캄보디아, 필리핀, 러시아 약 25개 노선	2019 일본, 중국, 대만 2020 일본, 마카오, 베트남 2021 대만 약 11개 노선	2020 일본, 홍콩, 베트남 2021 미국 서부(LA, 산호세) 2022 하와이, 캐나다 밴쿠버 약 9개 노선 향후 대양주, 유럽 가능
항공기	2019(3대) → 2022(9대)	2019(3대) → 2022(6대)	2019(3대) → 2022(7대)
관계 회사	마스터즈 투어(2011 설립, 외국인 INBOUND 여행, 골프여행) 자본금 2억 / 매출 111억	에어이노베이션코리아(AIK)	
투자자	강원도(135억), 토니모리, 신세계 DF, SBI 등	에이티넘 파트너즈(이민주회장), 부방, 포레스트 파트너즈 등	장덕수 자산운용, 휴젤, 패스트인베스트먼트, LA한인 상공회의소 등
자본금	378억 → 1000억	480억	179억 → 1650억
비전(미션)	항공과 관광의 융합을 통한 새로운 가치창출	소비자에게 최상의 만족을 주는 가격과 서비스	Balaced Premium
마케팅 콘셉트	TCC(Tourism Convergence Carrier) 항공과 여행상품의 결합을 통해 강원도 관광수요 창출	Ultra LCC 초저가 운임으로 경기 남부, 충청지역 OUT BOUND(해외여행) 수요 흡수	HSC(Hybrid Service Carrier) 합리적 비용으로 고품질 서비스를 제공하는 중장거리 항공사
판매망	여행사 및 에이전트	PSS + GDS	PSS + GDS
채용계획	2019.3 채용 중(100명?) → 2022(700명)	2019 상반기 → 2022(500명)	2020 초 → 2022(930명)
인재상	1. 외국인을 훌륭한 미소로 맞을 수 있는 사람 2. 모든 상황에서 팀워크를 이루며 항공기 안전운항과 고객을 최우선으로 생각하는 사람 3. 항공과 관광의 중요성을 알며 꾸준히 실력을 배양하는 사람	다양성을 존중하고(caring), 새로운 가치를 실천해 옮기며(cool), 창의적 사고로 도전을 즐기는(creative) 인재 충청권 13개 대학 우선 채용	TOEIC 600 학업성적이 우수한 자

〈2019년 신규 면허 항공사 면허 조건〉

1년 내 운항증명(AOC) 신청 및 2년 내 취항
3년간 거점 공항 유지, 재무건전성, 안전 확보
2022년까지 2천명 신규 채용

회사명	KOREAN AIR	ASIANA AIRLINES
지배주주	한진칼 30%	금호산업 33.5%
설립일	1962.6.19	1988.2.17
면허일	1962.11.30	1988.2.24
취항일	1969.3.1	1988.12.23
대표자	석태수(부회장) 조원태(사장) 우기홍(부사장)	박삼구(회장) 한창수(사장)
자산=자본+부채	25.5조(2018) 24.6조(2017) 23.9조(2016)	8.2조(2018) 8.6조(2017) 8.3조(2016)
자본	3조(2018) 3.7조(2017) 1.8조(2016)	1조(2018) 1.3조(2017) 1조(2016)
부채	22.5조(2018) 20.8조(2017) 22조(2016)	7조(2018) 7.3조(2017) 7.2조(2016)
매출액	13조(2018) 12조(2017) 11.7조(2016)	7.2조(2018) 6.5조(2017) 5.7조(2016)
당기순이익	-1856억(2018) 8018억(2017) -5568억 (2016)	-1958억(2018) 2625억(2017) 525억(2016)
주가	3만원대	3500원대
승무원 관련 임원	장현주(객실승무본부장) 강두석(인력관리본부장) 유춘호(인재개발원장)	구자준(캐빈본부장) 장경효(HR) 안효경(캐빈서비스)

임원 평균급여		4억 3천만원(사장급) 2억 2천만원(전무, 상무)	4억 천만원(사장급) 1억 8천만원(전무, 상무)
항공운송 직원수		7853명(남) 7307명(여)	4206명(남) 4782명(여)
직원 평균급여		1억(남) 5600만원(여)	8700만원(남) 4300만원(여)
조종사(외국인)		2753명(391)	1509명(166)
항공정비사		2878명	1388명(1)
운항관리사		170명	126명
승무원(외국인)		6379명(323)	3843명(224)
항공기수		167대(143여객 + 23화물)	83대
노선망	국제선	111개 도시	76개
	국내선	13개 도시	11개
비전(미션)		• 세계항공업계를 선도하는 글로벌 항공사(Excellence in Flight) • 최상의 운영체제 • 변화지향적 기업문화 • 고객감동과 가치창출	• 금호아시아나그룹 이해관계자들의 삶의 질 향상 • 업계최고의 기업가치를 창출하는 아름다운 기업 • 최고의 안전과 서비스를 통한 고객만족
인재상		• 진취적 성향의 소유자 • 국제적인 감각의 소유자 • 서비스정신과 올바른 예절의 소유자 • 성실한 조직인 • TEAM PLAYER	• 성실하고 부지런한 사람 • 연구하고 공부하는 사람 • 진지하고 적극적인 사람 • 서비스정신이 투철한 사람(참신한 정성어린 상냥한 고급스런 서비스)
주요종속회사		한국공항 / 한진정보통신 에어코리아 / 싸이버스카이 Hanjin Internatioal(호텔) 왕산레저개발 아이에이티(IAT) 한국글로발로지스틱스	아시아나IDT / 아시아나개발 아시아나세이버 / 금호리조트 Asiana Staff Service 아시아나에어포트 에어부산 / 에어서울 속리산고속 / 금호고속
2018 신규취항노선		인천~보스톤 자그레브 타슈켄트	인천~바르셀로나 베네치아

회사명		JEJUair	JINAIR
지배주주		AK홀딩스 57%(애경)	한진칼 60%
설립일		2005.1.25	2008.1.23
면허일		2005.8.25	2008.4.5
취항일		2006.6.5	2008.7.17
대표자		이석주(사장), 김재천(부사장)	최정호(대표이사), 조양호(회장), 조현민(부사장)
자산=자본+부채		1조(2018), 8000억(2017), 6000억(2016)	5200억(2018), 5000억(2017), 3022억(2016)
자본		3824억(2018), 3314억(2017), 2720억(2016)	2660억(2018), 2318억(2017), 779억(2016)
부채		6490억(2018), 4690억(2017), 3283억(2016)	2533억(2018), 2664억(2017), 2243억(2016)
매출액		1조 2600억(2018), 9963억(2017), 7476억(2016)	1조 100억(2018), 8880억(2017), 7200억(2016)
당기순이익		708억(2018), 779억(2017), 530억(2016)	444억(2018), 740억(2017), 400억(2016)
주가		4만원대	23000원대
승무원 관련 임원		김용태(객실본부총괄)	오문권(인사재무본부총괄) 정훈식(운영본부총괄)
임원 평균급여		5억(사장급), 1억 4천(전무, 상무)	3억(사장급), 1억 3500(전무, 상무)
항공운송 직원수		1555명(남), 1286명(여)	997명(남), 901명(여)
직원 평균급여		6300만원(남), 3300만원(여)	7200만원(남), 3200만원(여)
조종사(외국인)		499명(8)	417명(9)
항공정비사		375명(2)	183명
운항관리사		42명	36명
승무원(외국인)		852명	717명
항공기수		40대	27대
노선망	국제선	62개	25개
	국내선	6개	6개
비전 미션		더 넓은 하늘을 향한 도전으로 더 많은 사람들과 행복한 여행의 경험을 나눈다 (동북아 No.1 LCC)	아시아대표 실용항공사(Fly, better Fly) 스마트&실용항공사, 딜라이트항공사 안전・신뢰 가는 항공
인재상		핵심가치(안전, 저비용, 신뢰, 도전, 팀워크)를 실현할 인재(Fun & Joy)	JINABLE(안전실용성), JINIFUL(열린사고) JINVELY(고객사랑), JINISH(팀워크 협업) JINIQUE(긍정에너지 개성)
종속회사		모두락, 제이에이에스(JAS)	
2018 신규취항노선		인천~옌타이 무안~오사카, 다낭, 방콕, 타이페이, 세부, 코타키나발루	인천~조호르바루

회사명		t'way	AIR BUSAN
지배주주		티웨이홀딩스 58%(예림당)	아시아나항공 44.17%
설립일		2010.8	2007.8.31
면허일		2005.3.31(한성항공)	2008.6.11
취항일		2010.9	2008.10.27
대표자		정홍근(사장/KE/LJ)	한태근(사장)
자산=자본+부채		4308억(2018), 2257억(2017), 980억(2016)	3027억(2018), 2684억(2017), 2066억(2016)
자본		2257억(2018), 365억(2017), -16억(2016)	1522억(2018), 1220억(2017), 1032억(2016)
부채		2050억(2018), 1900억(2017), 995억(2016)	1504억(2018), 1200억(2017), 828억(2016)
매출액		7320억(2018), 5840억(2017), 3830억(2016)	6535억(2018), 5616억(2017), 4430억(2016)
당기순이익		378억(2018), 400억(2017), 20억(2016)	202억(2018), 284억(2017), 285억(2016)
주가		7800원대(18년 상장)	4000원대(18년 상장)
승무원 관련 임원		신광재(객실본부장/KE)	최판호(경영본부장/BX)
임원 평균급여		2억(사장급), 1억 4천(전무, 상무)	2억 8천
항공운송 직원수		985명(남), 753명(여)	749명(남), 618명(여)
직원 평균급여		6700만원(남), 3800만원(여)	7200만원(남), 3400만원(여)
조종사(외국인)		296명(9)	254명
항공정비사		228명	195명
운항관리사		30명	27명
승무원(외국인)		593명	441명
항공기수		24대	25대
노선망	국제선	52개	29개
	국내선	4개	13개
비전		함께 하는 우리들의 항공사 (Happy t'way It's yours)	업계 최고의 기업가치를 창출하는 아름다운 기업 • 완벽한 안전 • 편리한 서비스 • 실용적인 가격
인재상		• 안전운항 • 가족같이 편안한 서비스 • 화합하고 배려하는 기업문화	Smile 미소짓는 Merry 유쾌한 Active 적극적인 Reliable 신뢰를 주는 Thankful 감사하는
종속회사		티웨이에어서비스	
2018 신규취항노선		인천~하노이, 나고야 부산~사가, 오이타 무안~키타큐슈, 오이타 대구~하바로프스크, 블라디보스토크	대구~김포 부산~나고야, 블라디보스토크

회사명	EASTAR JET	AIR SEOUL
지배주주	이스타홀딩스 49.9%	아시아나항공 100%
설립일	2007.10.23	2015.4.7
면허일	2008.8.6	2015.12.28
취항일	2009.1.7	2016.7.11
대표자	최종구(사장), 이상직(회장, 중진공 이사장)	조규영(사장/OZ에어포트)
자산=자본+부채	1477억(2018), 1600억(2017), 1097억(2016)	427억(2017), 419억(2016), 155억(2015)
자본	252억(2018), 112억(2017), -220억(2016)	90억(2017), 108억(2016), 128억(2015)
부채	1224억(2018), 1484억(2017), 1317억(2016)	325억(2017), 310억(2016), 26억(2015)
매출액	5663억(2018), 4927억(2017), 3800억(2016)	1083억(2017), 166억(2016), 0(2015)
당기순이익	39억(2018), 322억(2017), 48억(2016)	-264억(2017), -217억(2016), -19억(2015)
주가	미상장	미상장
승무원 관련 임원	손두상 부사장(OZ), 조필제 부사장(KE) 이주연(객실본부장/KE)	정성권, 김이배, 조진만
임원 평균급여		
항공운송 직원수	881명	276명
직원 평균급여		
조종사(외국인)	222명(7)	116명
항공정비사	183명(1)	18명
운항관리사	31명	8명
승무원(외국인)	445명	134명
항공기수	22대	7대
노선망 국제선	32개	19개
노선망 국내선	4개	
비전 미션	항공여행의 대중화를 선도하고 사회공익에 기여하는 글로벌 국민항공사 • 비행안전 • 고객감동 • 저비용	가장 안전하고 고객에게 행복을 주는 으뜸 항공사(It's mint time) • 최고의 안전 • 행복한 서비스 • 신뢰받는 기업
인재상	고객과 함께 한다. 최고를 추구한다. 새로움을 추구한다.	소통하고 배려하는 조화로운 문화 변화를 두려워하지 않는 도전적인 문화 긍정의 에너지가 넘치는 창의적인 문화
자회사	이스타포트	
2018 신규취항노선	청주~삿포로, 후쿠오카, 타이페이, 오사카 인천~팔라완, 이바라키, 블라디보스토크 부산~블라디보스토크, 삿포로	인천~다낭, 후쿠오카, 오키나와, 삿포로

2. 항공운송권(freedom of the air : 하늘의 자유)

시카고 조약에서는 미국과 유럽의 입장 차이로 부정기항공에 대한 자유만을 일정조건하에 인정하였다. 당시 미국은 제2차 세계대전 중 항공기술이 급속히 발달하여 다른 국가들보다 국제항공 수송능력에서 앞서 있었고, 유럽은 전쟁의 피해가 크고, 항공 산업이 피폐하였으므로 서로 입장의 차이가 있었다. 그 결과 미국은 완전한 하늘의 자유를 주장하였고, 유럽은 제한된 자유만을 주장하여 시카고조약에서는 정기 국제항공운송에 대해서 체약국의 개별적인 허가 없이는 그 영역으로 취항할 수 없게 하였고, 영공통과의 권리도 인정하지 않았다. 대신 시카고조약과는 별개로 국제항공업무통과협정(International Air Services Transit Agreement)과 국제항공운송협정(International Air Transport Agreement) 2개의 조약을 성립하였고, 체약국들은 조약에 명시된 자유를 상호 승인하기로 하였다.

국제항공업무통과협정에서는 제1의 자유와 제2의 자유만을 인정하였고, 국제항공운송협정에서는 제1의 자유~제5의 자유를 규정하여 상업적 운송의 자유를 보장하였다.

- 제1의 자유 : 영공통과의 자유로서 타국의 영공을 무착륙으로 통과하여 비행할 수 있는 자유
- 제2의 자유 : 기술착륙의 자유로서 수송 이외에 급유나 항공기 정비와 같은 기술적인 목적으로 상대국에 착륙할 수 있는 자유
- 제3의 자유 : 적하의 자유로서 자국 내에서 실은 여객이나 화물, 우편물을 상대국의 영역에 내릴 수 있는 자유
- 제4의 자유 : 적재의 자유로서 상대국의 영역 내에서 여객이나 화물, 우편물을 싣고 자국으로 수송할 수 있는 자유
- 제5의 자유 : 이원의 자유로서 제3국으로 가는 여객이나 화물, 우편물을 상대국의 영역에서 싣고 내릴 수 있는 자유, 즉 상대국과 제3국 간의 여객과 화물을 수송할 수 있는 자유

제1의 자유와 제2의 자유를 통과권이라 하고, 제3의 자유~제5의 자유를 운송권이라 한다. 그 외에 3가지 자유를 추가하여 제8의 자유까지 논의하기도 하지만, 하늘의 자유는 제5

의 자유까지만 인정되는 경향이다.

- 제6의 자유 : 배후운송의 자유로서 제3국에서 상대국으로 가는 여객이나 화물, 우편물을 자국의 공항을 중간기착지로 하여 상대국으로 수송하는 자유, 즉 자국을 중간기지로 한 3국 간 수송의 자유
- 제7의 자유 : 상대국과 제3국 간의 운송의 자유로서 자국의 영역 밖에서 항공사를 운항할 수 있는 권리이며, 제3국에서 상대국으로 들어가고 나오는 여객이나 화물, 우편물을 상대국에서 내리거나 싣고 비행할 수 있는 자유
- 제8의 자유 : 상대국 내에서의 항공의 자유로서 동일국가의 한 지점에서 다음 지점으로 여객이나 화물, 우편물을 수송할 수 있는 자유(cabotage의 자유)

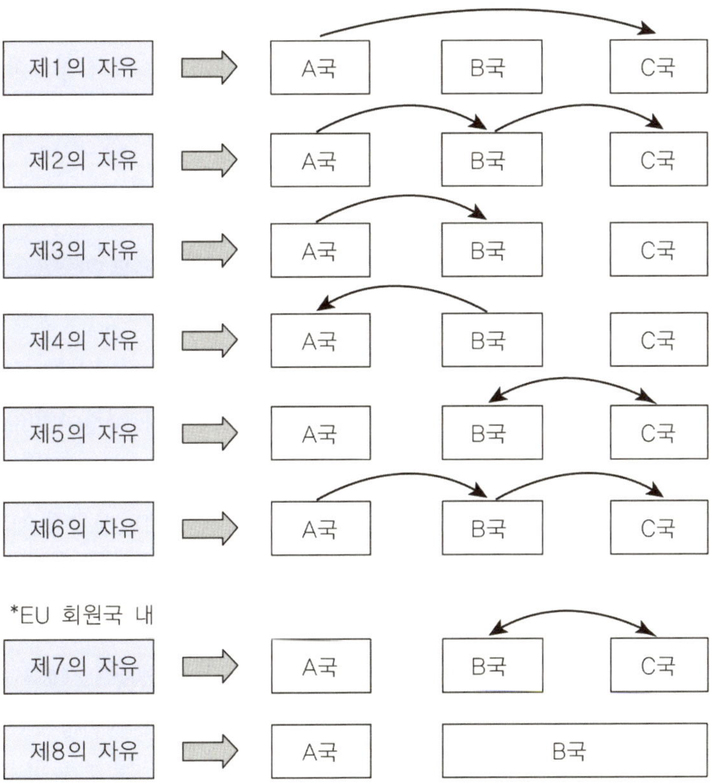

3. 전략적 제휴(Alliances)

항공사의 제휴(Alliances)는 1980년대 이후 기업이 고려해야 하는 주요한 전략적 선택의 하나로 부각되었으며, 항공사의 성장과 성장방향을 결정하는 경영현상으로 인식되고 있다. 제휴란 둘 이상의 기업들이 특정 사업 및 업무 분야에 걸쳐 협력관계를 맺는 것이다.

항공운송산업은 국제여행과 관광, 국제무역과 국제 비즈니스에 대하여 중요한 산업이지만 양자 간 항공협정 등과 같은 복잡한 체계에 의해 필요 이상으로 통제되어 왔다. 1980년대 후반부터 항공사 간의 지분참여 방식이 활용되기 시작하면서 주로 항공사 간의 시장확보나 규제로 인해 노선확장이 어려운 지역에 대한 진출방식의 일환으로 항공사 간 제휴가 이루어지기 시작하였다.

이러한 항공사의 제휴를 통해 자국 항공사의 국제적인 경쟁력을 갖추기 위하여 부심하고 있으며, 전 세계 항공사들은 정부의 전반적인 규제완화 및 자유화정책을 통하여 세계화, 자유화, 민영화, 지역 블록화 등으로 대별되는 세계항공업계의 변화추세에 부응하고, 누적되는 적자와 재정난을 극복하기 위해서 다양한 방법을 강구하고 있다.

1) 제휴의 종류와 내용

항공사 간 제휴는 전통적으로 지분참여, 좌석공유(code share), 공동운항(joint operation) 등을 내용으로 하였는데 최근에는 그 내용이 보다 다양해지고 있다. 즉 상대 항공사에 대한 홈베이스에서의 상호 정비지원, 좌석할당(block space), 공동판매, 공동전화 예약소 운영 등 마케팅 강화와 비용절감을 위한 목적으로 다양한 내용의 제휴가 이루어지고 있다.

도가니스는 복잡하고 다양한 항공사 간 제휴를 영업적 제휴(commercial alliance)와 전략적 제휴(strategic alliance) 두 개의 범주로 분류하였다(Doganis, R. 2001). 영업적 제휴는 각각 기업의 목표를 추구하면서 독립적으로 항공사를 운영하면서 영업활동과 관련된 협력을 하는 것이다. 좌석공유(code share), 좌석할당(block space), 상용고객우대프로그램(FFPs), 지상조업, 공동판매 및 발권, 공동정비, 공동운항 등이 이에 해당된다. 전략적 제휴는 단순한 영업적 제휴를 넘어 제휴 항공사가 공동 목적을 달성하고 자산을 통합하여 함께 운영하는 것이다. 즉 가맹 항공사들이 청사 내 시설, 정비기지, 항공기, 직원, 운수권 등의 자산을 혼합하여 공동의 목적을 실현하는 것을 위주로 하는 제휴이다.

2) 제휴에 의한 마케팅 효과

제휴를 통한 구체적인 마케팅의 강점을 설명하면 다음과 같다.

① 허브공항을 중심으로한 시장 지배력형성

허브공항을 중심축으로 한 많은 목적지들의 연결 네트워크는 해당 지역 내에서 월등한 마케팅 경쟁력을 부여해 준다.

② 경쟁자를 시장에서 몰아낼 수 있는 능력 확보

스케줄, 운항빈도, 운임 등을 해당 노선의 경쟁 특성에 맞게 조정하여 규모가 작은 경쟁사를 퇴출시키는 것이다

③ 유통경쟁력 우위 효과

여행사 등을 지배적으로 활용하여 유통경쟁력 우위 효과를 얻을 수 있다.

④ 광고능력의 효과

제휴를 통해 광고에 대한 경제적인 부담을 줄이면서 최고의 광고효과를 얻을 수 있다.

⑤ 고객에 대한 서비스 우위 확보

마일리지프로그램의 공유나 기타서비스 표준 우위가 가능하다.

3) Alliance 현황

① 스타 얼라이언스(Star Alliance)

1997년 5월 유나이티드 항공과 루프트한자 항공이 주축이 되어 결성한 세계 최초의 항공사 동맹체이다. 2008년 현재 20개의 항공사가 가맹되어 항공사 동맹체로서는 최대이며, 2007년 최고의 항공동맹체로 선정되었다(비즈니스 트래블러지). 아시아나항공(대한민국), 에어캐나다(캐나다), 에어차이나(중국), 에어뉴질랜드(뉴질랜드), 전일본공수 ANA항공(일본), 오스트리아항공(오스트리아), BMI(영국), 루프트한자항공(독일), 폴란드항공(폴란드), 스칸디나비아항공(스웨덴, 노르웨이, 덴마크 3국 합작항공사), 상하이항공(중국), 싱가포르항공(싱가포르), 남아프리카항공(남아프리카공

화국), 스펜에어(스페인), 스위스항공(스위스), TAP포르투칼항공(포르투칼), 타이항공(태국), 유나이티드항공(미국), U.S AIRWAYS(미국)

② 원월드(Oneworld)

1998년 아메리칸 항공과 영국항공, 캐나디언항공, 캐세이퍼시픽, 콴타스 항공이 주축이 되어 출범한 항공동맹체이다. 2008년 현재 10개의 항공사가 가맹되어 있고, 142개국, 700여 공항에서 32만명을 수송하고 있다.

아메리칸항공(미국), 영국항공(영국), 캐세이퍼시픽(홍콩), 핀에어(핀란드), 이베리아항공(스페인), 일본항공(일본), 란칠레항공(칠레), Malev헝가리항공(헝가리), 콴타스항공(호주), 로열요르단(요르단)

③ 스카이팀(Sky Team)

2000년 대한항공과 델타항공, 에어프랑스, 아에로멕시코항공이 결성한 항공사 동맹체로 글로벌 트래블러가 선정하는 2005년 최고의 항공 얼라이언스로 발표되었다. 스카이팀은 2004년 윙스 얼라이언스(네덜란드항공, 노스웨스트항공, 콘티넨탈항공)와 통합하여 세계 3대 항공사 동맹체가 되었다. 2008년 현재 11개의 회원항공사와 3개의 제휴항공사가 162개국 841개 도시에 네트워크를 형성하고 있다.

대한항공(대한민국), 아에로플로트(러시아), 아에로멕시코항공(멕시코), 에어프랑스(프랑스), KLM(네덜란드), 알리타리아항공(이탈리아), 중국남방항공(중국), 콘티넨탈항공(미국), 체코항공(체코), 델타항공(미국), 노스웨스트항공(미국)

4. 오픈스카이 정책

1970년대부터 미국을 중심으로 시작된 국제항공의 규제완화가 진전되면서 1990년대부터 세계항공산업의 새로운 조류를 형성하고 있는 변화 중의 하나로 영공개방주의(open sky)라고도 한다. 미국은 1970년대부터 양국 간의 항공협정을 개정하면서 항공산업의 시장진입 운송력, 운항횟수, 운임 등에 대하여 적극적인 규제완화를 실행하고 있다. 미국의 목적은 자국의 항공사들이 좁은 국내시장에서 경쟁하는 것보다는 국제시장에서 경쟁할 수 있는 시장기회를 제공하려는 것이었으며, 이는 미국의 항공산업이 유럽이나 아시아 국가들보다 발달하였기 때문이다. 현재 우리나라는 1998년 미국과 항공협정을 개정하여 양국 모두 제5의 자유를 허용하였으며, 중국, 일본과 오픈스카이를 추진하고 있다.

오픈스카이에서 논의되는 내용들은 취항 항공사수의 무제한 허용, 모든 노선에서 운항횟수와 운송력의 무제한 허용, 제5의 자유의 허용, 운임의 자유, 전세기 운항 개방, 상대국에서 발생한 수익의 자유로운 송금, CRS의 자유경쟁보장 등이다.

5. 저비용항공(LCC)

세계의 주요 항공사들이 세계적 네트워크 형성을 위한 그룹화에 힘쓰면서 스타얼라이언스, 스카이 팀, 원월드 등 항공사들이 몇 개의 거대 그룹으로 나누어지는 듯한 대형화 현상을 보여 왔다. 그러나 한쪽에서는 수요의 규모가 작은 틈새시장(niche market)에 집중하여 성공하고 있는 항공사들이 점차 시장 점유율을 높이면서 새로운 시장과 서비스 유형을 개발하는 데 성공하고 있다.

저비용항공의 대표주자는 사우스웨스트항공(Southwest)을 들 수 있다. 1971년에 텍사스주 달라스에서 시작한 사우스웨스트 항공은 달라스 시내 중심에서 10km밖에 안 떨어진 러브필드라는 작은 공항에 근거를 두고 단거리 노선에 저비용, 저운임 전략 무기로 항공운송을 시작하였다. 비용을 줄이기 위해 기내 서비스를 간소화하고 여행사를 통한 항공권 판매시스템을 없애고 공항에서 직접 항공권을 발권하거나 인터넷을 이용하여 예약, 발권하며, 기종을 단순화하여 정비비, 운항승무원비를 절감하고 좌석 클래스를 이코노미 클래스만 운영하는 등의 영업 방식 개혁으로 기존 항공사들 항공운임의 반도 안되는 저운임 서비스를 개발하는 데 성공하였다.

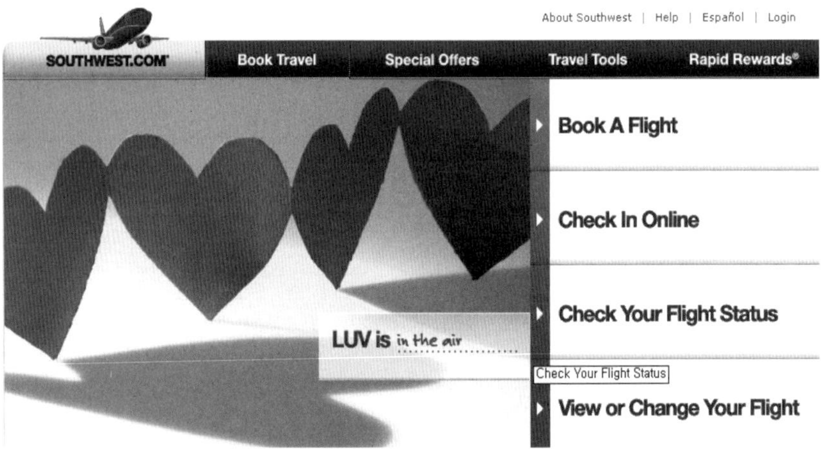

사우스웨스트항공 홈페이지(http://www.southwest.com)

그러나, 단거리의 경우는 육상교통 수단과 경쟁해야 하므로 저운임 저비용만 가지고는 경쟁에서 이길 수 없고 비행편이 자주 있어야 한다. 따라서 이 항공사는 저운임, 저비용뿐만 아니라, 소형기로 운항빈도를 높여 육상교통과의 경쟁에서도 이길 수 있는 항공 서비스 개발에 성공했던 것이다. 그리하여 40여 년의 역사 속에서 사우스웨스트항공은 한 번도 적자를 기록한 적이 없는 최상의 재무 실적을 기록해 왔다. 현재 60여 개 도시로 하루 2800여 편의 비행편을 운항하고 있다.

사우스웨스트 항공을 모방한 저비용 항공사로 견줄만한 항공사는 1985년 창립한 아일랜드의 라이언에어(Ryanair)가 있다. 라이언에어는 유럽 저가 항공사의 선두주자로 유럽 내 항공사 중 시가총액 1위를 기록하는 항공사이다. 현재 유럽 내 9개국 48개 도시에 연간 1500만명을 수송하고 있으며, 1998년부터 평균 20%의 이익 성장률을 기록하고 있다. 또한 1995년 영국을 기반으로 시작하여 유럽 전 지역을 커버하고 있는 이지젯(EasyJet), 영국의 플라이비(Flybe), 독일의 저먼윙스(Germenwings)와 하팍로이드(Hapag Lloyd Express), 덴마크의 스털링(Sterling), 벨기에의 버진(Virgin Express), 동유럽을 중심으로 운항하고 있는 스카이유럽(Skyeurope), 폴란드의 에어폴로니아(Air Polonia) 위즈에어(Wizz Air), 체코의 스마트윙스(SmartWings) 등 다수의 저비용 항공사가 있다. 유럽 내의 저비용 항공사는 현재 약 60여 개로 유럽 항공시장의 10%를 차지하며, 저비용 항공사 연합(ELFAA : European Low Fares Airline Association)도 결성되어 있다. 유럽의 저비용 항공사는 skyscanner.net과 whichbudget.com에서 검색할 수 있다.

라이언항공
(http://www.ryanair.com)

그리고 캐나다에는 웨스트젯(WestJet), 미국은 젯블루(Jet Blue), 호주에는 버진블루(Virgin Blue), 일본에는 스카이마크(Skymark), 필리핀에는 아시안스피릿(Asianspirit), 세부퍼시픽(Cebu Pacific Air), 싱가폴에는 타이거항공(Tigerairways), 젯스타아시아(Jet Star Asia), 말레이시아에는 에어아시아(Air Aisa), 태국에는 오리엔트타이(Orient Thai Airlines), 녹에어(Nok Air), 홍콩에는 오아시스홍콩(Oasis Hongkong) 등이 있다. 이외에도 아시아와 유럽, 미주를 중심으로 다수의 저비용 항공사가 있으며, 이들은 영국~독일 간 20유로(한화 3만원)와 같은 파격적인 가격으로 기존의 대형항공사들에게 승부를 걸고 있다.

국내의 경우 운항하고 있는 저비용 항공사로는 티웨이항공과 제주항공이 있으며, 이스타항공, 진에어, 에어부산, 에어서울, 에어인천 등이 있다. 우리나라 저비용 항공사의 국내선 항공운임은 대형 항공사의 동일 구간 항공운임 대비 70% 선이며, 김포~제주 간 1만원대의 항공권을 판매하기도 하였다. 최근 저비용 항공은 고장과 사고, 자금난이나 경영진의 내분, 승객들의 부정적 인식 등을 극복하고 노선과 규모를 확장시켜 나가며 항공산업의 새로운 트렌드로 자리잡았다.

저자소개

원종혜

(현) 장안대학교 항공관광과
서정대학교 항공관광과
(전) 경민대학교 관광호텔학부 전임강사
수원과학대학교 항공관광과 겸임교수
가천대학교, 상지대학교 겸임교수
경기대학교, 인천재능대학교 강사
국외여행인솔자, 여행사 근무

경기대학교 대학원 관광경영학과 졸업(관광학 박사)
경희대학교 경영대학원 관광경영학과 졸업(경영학 석사)
서울여자대학교 국어국문학과 졸업(문학사)

저자와의
합의하에
인지첩부
생략

항공예약

2020년 3월 15일 초판 1쇄 인쇄
2020년 3월 20일 초판 1쇄 발행

지은이 원종혜
펴낸이 진욱상
펴낸곳 (주)백산출판사
교 정 박시내
본문디자인 이문희
표지디자인 오정은

등 록 2017년 5월 29일 제406-2017-000058호
주 소 경기도 파주시 회동길 370(백산빌딩 3층)
전 화 02-914-1621(代)
팩 스 031-955-9911
이메일 edit@ibaeksan.kr
홈페이지 www.ibaeksan.kr

ISBN 979-11-6567-049-8 93980
값 16,000원